高校生のための
憲法入門

An Introduction to Constitutional Law
for High School Students

斎藤一久 編著

三省堂

はじめに

　約137億年前に、ビッグバンが起こり、地球誕生は約46億年前と言われています。

　人類の誕生は約700万年前です。世界最古の法典とされるウル・ナンム法典は約4100年前と言われています。

　王権を法で拘束することが文書として確認されたマグナ・カルタは1215年。約800年前です。国王が国民の同意なく、税金を課したりしてはいけないとするなど、立憲主義、そして法の支配の源流となるものです。

　日本国憲法は1946年11月3日に公布され、1947年5月3日に施行されました。たった70年前のことです。

　個人の自由を確保することを最上の目的として、国家の権力を制限する憲法（constitution）というアイデアは、私たちの人類の歴史、そしてこの世界の歴史からすれば、意外に歴史は浅いのです。

　しかし、人類の英知を集めたものが憲法であり、日本国憲法もその一つなのです。

　本書では、現代における憲法学の到達点を、皆さんのような高校生にもわかりやすく説明したいと思います。

National Archives and Records Administration（アメリカ国立公文書館）、〔National Archives Identifier:6116690〕より。

マグナ・カルタ

1 | 憲法の基本は小学校で学んでいる

憲法って、何だろう。

私たちが憲法にはじめて接するのは、実は生まれる前です。母親のお腹にいるときにすでに胎児として人権を有しています。そして死んだ後も名誉が保護されることを考えると、憲法は揺りかご前から、そして墓場に入ってからもずっと、常に関係しています。

では、憲法について知ったのは、いつごろでしょうか。

「法」という漢字は小学校4年生で習いますが、「憲法」は6年生になってからです

小学校6年生では、日本国憲法を学ぶ前に、十七条憲法で、「憲法」を学んでいます。しかし十七条憲法は役人の心得で、「憲法」という言葉を使ってはいますが、日本国憲法とは大きく違います。

小学校で憲法について学んだことを覚えているでしょうか。

憲法の三大原則、そして三大義務です。

戦後、文部省（今の文部科学省）が出した『あたらしい憲法の話』でも、三大原則が出てきます。

文部省『あたらしい憲法の話』より。

皆さんの多くは小学校で、憲法は「最高の法律」と習ったのではないでしょうか。そうか、国民は法律のように憲法を守らなければならないと思いましたか。

しかし、憲法は国家権力を制限するもので、国会議員や公務員は守らなければなりませんが、私たちに「守りなさい」とは命じていません。

> **憲法 99 条**
> 　天皇又は摂政(せっしょう)及び国務大臣、国会議員、裁判官その他の公務員は、この憲法を尊重し擁護する義務を負ふ。

　99条には、「国民」は入っていませんよね。
　99条を見ても、やはり国民は憲法を守らなければならないんじゃないかと思っている人もいるでしょう。
　その原因は憲法に国民の三大義務が規定されているからかもしれません。
　そもそも三大義務って、何だったでしょうか。
　そう、勤労、納税、教育を受けさせる義務です。

> **憲法 26 条 2 項**
> 　すべて国民は、法律の定めるところにより、その保護する子女に普通教育を受けさせる義務を負ふ。……
> **憲法 27 条 1 項**
> 　すべて国民は、勤労の権利を有し、義務を負ふ。
> **憲法 30 条**
> 　国民は、法律の定めるところにより、納税の義務を負ふ。

　しかし、働いていない人が、刑務所に入れられたという話を聞いたことがあるでしょうか。ないですよね。勤労の義務について、憲法は義務といっても、あくまで「働いた方がいいです

よ」程度のことを語っているに過ぎません。

また教育を受けさせる義務に基づき、法律には、学校に通わせない親に対して罰則を与えるよう規定されています。しかし、小学校・中学校で、不登校などの理由で学校に通えない子どもたちがいますが、その親たちに罰が加えられることは極めて稀です。

納税の義務こそは義務だと思っている人が多いかもしれません。実は憲法で納税の義務を定めている国はあまり多くないのです。たとえばドイツの憲法にはありません。しかし、ドイツが滞納・脱税天国だと聞いたことがあるでしょうか。

ですので憲法の納税の義務も、あくまで「心構え」なのであって、私たちがきちんと税金を払っているのは、払わないと、貯金が差し押さえられたりするからなのでしょう。

ところで、なぜ憲法を守らないといけないのが国会議員と公務員、つまり国家だけなのでしょうか。

それは憲法が国民と国家との間の約束、すなわち社会契約だからです。国民が合意して国をつくるときに、国家にしてほしいことと同時に、してほしくないことを憲法に書いているのです。

ですので、国家は憲法に定めている「国民の健康で文化的な最低限度の生活」を保障しなければならないとともに、自由を侵害できないのです。

憲法では、統治（国会・内閣・裁判所など）についても規定しています。その中心的な原理は三権分立ですが、三権を分けてお互いに監視し合うだけでなく、国会や内閣が裁判所のように裁判はできないことを意味しています。つまり、憲法は権力が濫用されないように、権力を使う際のルールを定めていると言っ

てもいいでしょう。

2 | 民主主義と憲法

　小中高校の社会科でもっとも重要なキーワードを挙げろと言われたら、憲法ではなく、民主主義でしょう。学校の生活でも、児童会・生徒会でも民主主義を学びます。

> 人民の、人民による、人民のための政治

　民主主義とは、リンカーンが述べたこの一節に要約されます。
　日本国憲法は当然のことながら、民主主義を採用しています。憲法41条以下の統治の分野で見れば、国会では国民代表である国会議員によって法律がつくられています。内閣総理大臣も国会の指名によって選ばれます。最高裁判所の長官も、内閣総理大臣をトップとする内閣によって指名されます。このように三権は直接的・間接的に民主主義によって正当化されたり、コントロールされているのです。
　地方の政治も首長や議会が直接選挙で選ばれるなど、民主主義を採用しています。
　ところで、憲法には人権も規定されていますが、人権と民主主義とは、どのような関係でしょうか。
　法律は民主主義に基づいてつくられていますが、多数決によって決められるため、ときとして少数派の人権が侵害されるおそれがあります。ですので、法律よりも上位の憲法で人権を規定しておくことにより、多数決の専制に歯止めをかけているのです。

民主主義はみんなで決める以上、何でも決められるように思えますが、実は多数決でも決めてはいけないこともあります。たとえば憲法19条（P.45）の思想・良心の自由からすれば、ある人が多数派にとってどんなに異質で、場合によっては危険な考えを持っていたとしても、それを法律で禁止することはできないのです。

　このように国家が超えてはならないラインを憲法は定めており、それを超えてしまった場合、これを「違憲」と言います。本来、違憲の法律は作ってはいけないのですが、それでもできてしまった場合、安全弁として裁判所による「違憲審査」があるのです。

3 | 権力を疑うということ

　国会議員、国家公務員、国立大学、○○大臣賞……国によって認められているものって、やはり一番権威がありますし、信頼が置けますよね。

　しかし、憲法の勉強をしていると、「国＝正しい」という感覚がだんだん麻痺してくるんです。憲法は国家権力を制限するものですから、今の政治状況を常に憲法の観点から眺めることになります。つまり批判的な眼で見るようになるのです。

　しかし、このような「権力への懐疑」は私たちが市民として生きてく上で重要なリテラシー（理解し、分析し、使用できる能力）です。

　本書を通して、ぜひこのようなリテラシーも身に付けてほしいと願っています。

　それでは、スタートです。

目次

はじめに ―――002

第1章 人権 ―――011

1 | いじめは人権侵害ではない？ ―――012
2 | 人はみな平等とは言うが…… ―――018
3 | 校則での男女交際禁止 ―――022
4 | プライバシー権って、憲法のどこ？ ―――026
5 | 平等は超難関！ ―――030
6 | お金がなければ勉強できない ―――037
7 | 内申書に響くぞ！ ―――044
8 | パワーストーンと信教の自由 ―――046
9 | ヘイト・スピーチと表現の自由 ―――051
10 | 教科書裁判 ―――055
11 | 少年の実名報道 ―――058
12 | 小学校のときの夢と現実 ―――063
13 | ミッキーマウスと憲法 ―――067
14 | 健康で文化的な最低限度の生活 ―――072
15 | 義務教育って、本当に無料？ ―――076
16 | ブラックバイトに対抗するには？ ―――080
17 | 持ち物検査 ―――084
18 | 逮捕されたら、どうする？ ―――086

第2章 統治 ……093

1 | 国会議員の仕事は法律をつくるだけか ……094
2 | 総理大臣の選挙って、あった？ ……098
3 | 裁判所に行くってヤバいよね ……104
4 | 東京都もドルを導入できるのか？ ……110
5 | 消費税アップは憲法違反ではないのか？ ……114
6 | 9条と沖縄 ……118
7 | 天皇ってどんな人なの？ ……125
8 | 憲法のアップデートはどこまでできる？ ……129

コラム

1 憲法だけでなく、民法も学ぼう！ ……016
2 憲法条文ベスト3 ……025
3 背番号のない女子野球部員 ……034
4 女子校が違憲と言うが…… ……035
5 同性婚、そしてパートナーになる権利 ……042
6 憲法判例ベスト3 ……043
7 国歌斉唱 ……057
8 条文暗記が憲法の勉強？ ……062
9 トランプ大統領と憲法 ……070
10 差入屋 ……090
11 死刑は合憲か？ ……091
12 田中角栄と憲法 ……102
13 裁判傍聴に行ってみよう！ ……109
14 沖縄国際大学ヘリ墜落事件 ……123
15 憲法9条にノーベル平和賞を ……124
16 憲法を学んで高校教員になる ……132

あとがき	134
ホームページ一覧	136
さらなる憲法の学びのために	137
主要索引	138
憲法に関係する英単語リスト	141
執筆者一覧	143

デザイン　松田行正＋梶原恵

第1章
人権

1 | いじめは人権侵害ではない？

高校生

憲法ってすごく大切なものだから、私たちもきちんと守らないといけないよね？

レクチャー

1 | 憲法なんか関係ねぇ!?

　私たちの生活は、実は憲法のルールに必ずしも縛られることはありません。友達に告白されたとしても、その友達と付き合うかどうかは自由です。憲法に平等が書いてあるとしても、嫌いな人とは付き合う義務はありません。

　アルバイトを探す場合も、時給、勤務日などの条件について、皆さんと会社で話し合って自由に決めることもできます。これを少し難しい言葉で、「私的自治の原則」と言います。法律では、皆さんや会社のことを私人と呼びますが、私人同士では、民法が適用され、その大原則である私的自治の原則が適用されるのです。

　しかし、この原則は資本主義社会では修正が求められます。働く側と企業側は対等な関係ではないからです。

　たとえばアルバイトの面接の際に、本当に時給の交渉ができるでしょうか。おそらく募集のチラシに書かれた時給より高い時給にしてほしいとは、なかなか言えないはずです。休憩時間

の説明はあるかもしれませんが、有給休暇など労働基準法で定められている働く最低限の条件も十分に説明されないことが現実でしょう。

　まして売上高が大国の国家予算規模とも言われるトヨタ自動車に対して、労働者が一人で労働条件を交渉することは困難を窮めます。

　このように圧倒的に力の差がある場合には、最高法規である憲法の力を借りて、私的自治の原則を修正したいと考えるのではないでしょうか。最高裁判所や多くの憲法学者は、憲法の理念を踏まえて、私人同士の問題を解決するという考え方を採っています。

　1970年代に日産自動車事件がありました。会社の定年が、女性の場合50歳、男性の場合55歳となっているのが憲法14条（P.31）の男女平等に反するのではないかと問題になったのです。

　この事件で最高裁判所は、女性という理由だけで男性よりも早く定年を迎えるのは、社会の常識（民法では公序良俗と言います）に反すると判断しましたが、その際の常識の根拠として憲法14条の男女平等の力を借りたのです。

2 ｜ いじめと人権侵害

　「いじめ」とは、「いじめ防止対策推進法」に基づいて定義すれば、以下のようになります。

> 児童生徒に対して、当該児童生徒が在籍する学校（小学校、中学校、高等学校、中等教育学校及び特別支援学校）に在籍して

> いる等当該児童生徒と一定の人的関係にある他の児童生徒が行う心理的又は物理的な影響を与える行為（インターネットを通じて行われるものを含む。）であって、当該行為の対象となった児童生徒が心身の苦痛を感じているものをいう。

いじめは、子どもたち同士、つまり私人(しじん)同士の問題です。それゆえ、ここでも憲法の登場はなさそうですが、「いじめは人権侵害」というスローガンをよく見ますよね。

憲法の考え方からすると、「いじめは人権侵害」というのは正確な理解ではありませんし、裁判でも「いじめは憲法違反」という判決はちょっと考えられません。しかし他人の尊厳を踏みにじるいじめは、憲法の条文に直接引っかかってこないとしても、憲法は許していないと考えられます。

ところで、大学でもいじめはありますが、いじめよりも、ハラスメントという言葉がよく使われます。

先生が学生に対する上下関係を利用して相手に無理な要求をするパワーハラスメントや、相手が嫌がっているにもかかわらず繰り返しデートに誘うなどのセクシャルハラスメントがあり、これらも人権侵害と言われることがあります。

これらも正確には人権侵害と言い難いですが、憲法13条に示されている個人を大切にするという考え方を借りて、弱い立場にある人の苦痛やしんどさに向き合おうとすることは大切でしょう。

> **憲法13条**
> すべて国民は、個人として尊重される。……

3 | JAPANESE ONLY

　Jリーグの試合で、一部のサポーターによってJAPANESE ONLYの横断幕が掲げられ、クラブ側の対応も遅れたので、その後そのチームの無観客試合が実施されたことがあります。日本人はJAPANESE ONLYを見ても「日本人のみ入場できます」としか思わないかもしれませんが、すべて大文字なので外国人にとっては「外国人は入るな」「外国人立入禁止」といった差別的なニュアンスが感じられます。

　Jリーグは国ではありませんので、私的自治の原則からすれば、私人（しじん）として、自由にお客さんを選ぶことができるとも考えられます。しかし憲法13条の個人の尊重や14条（P.31）の平等の考え方からすれば、JAPANESE ONLYは差別に当たるでしょう。

　これに対して、女性限定のスポーツクラブや女性専用車両が憲法の男女平等から許されないかと言えば、そうは言えません。

　私的自治の原則を憲法の考え方からどこまで修正できるかについては、なかなか難しい問題なのです。

　しかし2020年の東京オリンピックに向けて、グローバルなスタンダードで「個人を大切にする社会」を目指すことが求められたように、憲法の考え方を積極的に活かすことが重要です。

コラム1　憲法だけでなく、民法も学ぼう！

　日本では、小・中学校の義務教育だけでなく、高校の現代社会や政治・経済でも憲法を学びます。つまり3回、4回と繰り返し学習する機会があるのです。

　しかし、私たちが日常生活の中で遭遇するトラブルのほとんどは、民法に関係することが多いのです。たとえば、スマホを買ったけれど、不良品だったり、友達にお金を貸したのに、返してもらえなかったりする場合です。

　民法は、成人の年齢、家の購入、結婚や遺産相続の取り決めなど、私たちの生活に直接関わるルールを定めているのです。

「国家の基本法」である憲法も重要ですが、「社会の基本法」である民法を学ぶと、世の中がちょっと違って見えてきますので、ぜひ民法も学んでみてください。

　民法は1000条ほどありますが、憲法との関係が問題になった条文は以下のような条文です。

> **民法90条**
> 　公の秩序又は善良の風俗に反する事項を目的とする法律行為は、無効とする。

　これが公序良俗（P.13）の条文です。私人間（しじんかん）の問題では、この「公序良俗」に憲法の価値を読み込みます。

> **民法733条1項**
> 　女は、前婚の解消又は取消しの日から起算して100日を経過した後でなければ、再婚をすることができない。

　6か月の再婚禁止期間でしたが、2015年に最高裁の違憲判決が出て、100日に改正されました。

> **民法750条**
> 　夫婦は、婚姻の際に定めるところに従い、夫又は妻の氏を称する。

結婚すると、夫か妻の姓にしなければなりません。しかし96％を超える夫婦が夫の姓を選択している実態があり、夫婦別姓を導入すべきという議論もあります。2015年に最高裁は、民法が夫婦別姓を認めていなくても違憲ではないとの判断を出しました。なお15人の裁判官中、女性裁判官3名全員が違憲との意見を述べています。

> **民法900条**
> 　同順位の相続人が数人あるときは、その相続分は、次の各号の定めるところによる。
> ……
> 4　子、直系尊属又は兄弟姉妹が数人あるときは、各自の相続分は、相等しいものとする。

　4号に「嫡出でない子の相続分は、嫡出である子の相続分の二分の一とし」とありましたが、2013年に最高裁の違憲判決が出て、この部分が削除されました。なお嫡出子とは正式な婚姻の下で生まれた子を指します。

2 | 人はみな平等とは言うが……

 高校生

日本国憲法は、国民のためのものだから、外国人は関係ないよね。でも、「人はみな平等」って、習った記憶もあるなあ。

 レクチャー

1 | 「人」権!?

そもそも人権（human rights）というのは、読んで字のごとく、人間が持っている権利のことです。ですので、皆さんのお家で飼っているネコに人権はありません。しかし、たとえ今、生まれたばかりの赤ちゃんであっても、人間であれば人権を持っています。

歴史の授業で習ったように、1789年のフランス人権宣言が重要な意味を持っています。その1条では「人は、自由かつ権利において平等なものとして出生し、かつ生存する」と規定しています。

2 | 国民だけの人権?

「人」権ということは、「すべての人」のことを意味します。もっとも日本国憲法は日本国のことを定めていますし、主権者である日本国民のためのものなので、憲法第3章の表題が「国

民の権利及び義務」となっているように、「国民だけの人権」を保障しているようにも考えられます。

では国民ではない外国人、正確には日本国籍を持っていない人間には人権はないのでしょうか。

国籍が違っても同じ人間であることには変わりありません。同じ人間である以上、必要となってくる権利も同じはずです。皆さんがフランスに入国した瞬間に「おまえなんか人間じゃない！ 人権もない」と言われたら、どう思うでしょうか。

繰り返しになりますが、そもそも人権というのは、すべての人が生まれながらにして持っている権利のことです。これは国境を越えて、世界中のどこであっても保障されなければならないでしょう。

3｜外国人の人権は日本人と同じ?

外国人にも人権が保障されているとしても、残念ながら日本人とまったく同じとは言えません。

では、どんな人権が保障され、どんな人権が保障されないのか。

重要な手がかりとして、憲法の言葉から考えてみましょう。

憲法第3章にある条文をいろいろと見てみると、「国民」と「何人（なんぴと）」とを使い分けています。

■憲法上の使い分けの例

国民	すべて国民は、勤労の権利を有し、義務を負ふ。（憲法27条1項）
何人	何人も、外国に移住し、又は国籍を離脱する自由を侵されない。（憲法22条2項）
何も書かれていない	思想及び良心の自由は、これを侵してはならない。（憲法19条）

　言葉を前提とすると、「国民」と書かれている人権は国民だけに、「何人も」、もしくは何も書かれてない人権は外国人にも保障されるともとれそうです。

　憲法を解釈する上で、条文は大切です。ところが、この考え方には大きな欠点があります。「何人も」と書かれている22条2項では、日本国籍を持たない外国人にも、日本の国籍離脱の自由を保障していることになってしまいます。

4｜現実に即した人権保障を！

　現在では、人権の性質を一つ一つ考えた上で、外国人に人権保障をしていこうというのが主流です。

　たとえば自由権は、日本への入国の自由を除いて、原則として保障してもよいでしょう。また社会権も、日本で生活する上では必要な権利ですので、保障すべきです。

　参政権は微妙なところです。国政選挙で投票したり立候補したりすることは、政治について決める最終決定権を持つのは国民であるとする国民主権に関わります。そのため、国政選挙で投票することや立候補することは、いずれも外国人には認められないと考えられています。

　しかし、日本に何年も暮らしている永住者の人たちの選挙権

が議論されています。とくに在日コリアンや台湾人およびその子孫の人たち（特別永住者）は、日本で生まれ、日本の学校に通い、日本人と同じ生活を送っている人が多いのです。その他、一般永住者として、10年以上、日本に住んでいる人たちもいます。彼らは2016年6月末の段階であわせて約105万人いると言われています。

日本に生活している以上、政治や行政に対する要望は彼らにもあるはずです。たとえば都市部で保育園が不足しているという待機児童の問題は日本人だけの問題ではありません。

それに日本人と同じように税金も支払っています。

衆議院・参議院選挙のような国政選挙については国民主権から、選挙権は認められないとされていますが、最高裁は地方選挙における選挙権については、憲法上禁止されていないという考えを示したことがあります。

そのほか、外国人が公務員になれるかという問題があります。

財務省、文部科学省などの職員を募集する国家公務員試験には、外国人は受験できませんが、地方公務員試験には受験できます。ただし、地方公務員の中でも警察官や消防署員は、公権力の行使をするとみなされ、受験できません。公立学校の先生にはなれますが、校長や副校長といった管理職にはなれないとされています。

しかし、憲法22条の職業選択の自由（P.63）からすると、国籍だけが外国籍で、日本で生まれ、日本の学校に通い、日本語しか話せない人に門戸を閉ざして果たしてよいのかどうか、グローバル化社会の中で今一度、考える必要がありそうです。

3 | 校則での男女交際禁止

うちの高校、校則で男女交際禁止なんだけど、ヤバくない？ 憲法違反？

1 | 校則

1980年代に実際にあった校則です。

- 食事はミルク、パン、おかずの順に食べ、時には早くならないように、また遅くもならないように気をつける。ミルクはがぶ飲みしない。こぼさないように楽しくよくかんで食べる。
- トイレットペーパーの使用量は1回につき30センチ以内。
- 校内でみだりに異性と会話しない。会話する場合は学校に「会話用紙」を提出して許可をもらい、会話室で行う。
- 名古屋などにぎやかな場所に行ってはいけない。
- 通学用の運動靴のひも穴は6個であること。

ラサール石井『ラサール石井の校則はエライ！』（主婦と生活社、1989年）

今、見ると、爆笑モノですね。
校則は、学校のルールです。ですので学校内の生活について

定めています。挨拶など、共同生活を営む上で必要なマナーから、服装（制服）、靴や鞄、髪型、化粧、ピアス、運動靴や運動着、学校への持込品（携帯電話）などです。

また、学校外の生活についての規定があることも多いのではないでしょうか。男女交際禁止や立ち寄り禁止場所（ゲームセンターなど）についての定めもあるでしょう。

それからバイクや自動車の運転免許取得、アルバイトについて、法律上、許されているにもかかわらず、校則によって禁止されたり、届出制だったりすることもあるのではないでしょうか。

2 | 男女交際禁止は合憲？

校則の中には、生徒指導の名のもと、生徒のプライベートに干渉しすぎるものもあります。男女交際禁止なんか、大きなお世話ですよね？

高校生のような未成年でも人権が保障される以上、人権を制限する理由がまっとうなもので、制限も最小限度でなければならないでしょう。「高校生らしくない」といった抽象的な理由では不十分です。

男女交際禁止についても、「理解し合える異性と付き合う」、「付き合う中でのルールを作る」ことで、受験勉強との両立も可能という東大生・京大生によるアンケート（『合格サプリ』サイト）もあり、全面的に男女交際を禁止するのは、やりすぎでしょう。

3 | 校則のリアリティー

　法学部で法律を学ぶ人たちのバイブルとして、『憲法判例百選』（有斐閣）があります。その中にも、校則に関する判例があります。

　一つは、熊本の公立中学校で男子生徒の髪型を丸刈りとする校則が問題となった事件です。もう一つはバイクの免許をとらない、乗らない、買わないとの三原則を定める私立学校の校則が争われた事件です。

　しかし、これらは1980年代の話で、すでに時代遅れの感があります。当時、社会問題にもなった校内暴力を抑えるため、管理教育の一環として厳しい校則による生徒指導が行われたのです。

　今どき、丸刈りは野球部などが自主的に行う場合を除き、見られないでしょうし、新車バイク購入の平均年齢が51歳とされる今日、高校生がバイクの免許を取得し、乗るということも、とりわけ都市部ではほとんど見られなくなっています。

　皆さんも校則に何ら疑問を差し挟まなくなっているかもしれませんが、憲法の観点から、自分の高校の校則を見直してみてください。

　まっとうな理由のない校則については、生徒会などで議論することが必要です。

コラム2 憲法条文ベスト3

本書執筆者の大学教員チーム5人に、日本国憲法で重要だと思う条文を尋ねたところ、以下のような結果でした。

1位　13条〈個人の尊重〉
2位　14条〈平等権〉
3位　99条〈憲法尊重擁護義務〉

高校教員チーム4人は、少し違う結果です。

1位　13条〈個人の尊重〉
2位　99条〈憲法尊重擁護義務〉
3位　31条〈適正手続〉

　NHK放送文化研究所の「日本人の意識」調査(『現代日本人の意識構造〔第8版〕』NHK出版、2015年)では、憲法25条(P.72)の認知度が1973年から2013年まで70％を超えていますが、憲法21条の表現の自由(P.52)は1973年の時点で49％にとどまり、2013年には22％まで減少しています。
　憲法13条の個人の尊重(P.27)についてはNHKのアンケートには入っていませんが、それほど高くないのではないかと推測されます。
　なおドイツの憲法である基本法に関する調査(ROLAND Rechtsreport 2014)では、以下のような結果となっています。

1位　1条「人間の尊厳は不可侵である」。
2位　5条「各人は言語、文書、図画によって自己の意見を自由に表明し、流布する権利を……有する」(表現の自由)。
3位　3条「男性と女性は同権である」(男女平等)。

　個人が一番大事という条文は日本もドイツも1位にランクインしています。
　高校生の皆さんのベスト3は何でしょうか？

4 | プライバシー権って、憲法のどこ？

高校生

プライバシー権って大切だよね。でも憲法のどこに書いてある？　そもそも憲法にカタカナあったっけ？

レクチャー

1 | プライバシー権って？

　人に知られたくない秘密がありますか？　おそらく「ない」と答える人はいないのではないでしょうか。

　友達に好きな人の名前をLINEで漏らされたり……。

　こんな風に他人に自分の秘密を暴露されたり、私生活を覗かれるのは嫌ですよね。これをプライバシー権侵害と呼びますが、皆さんだけではなく、学校の先生だって、芸能人だってプライバシー権はあります。

　もっとも社会的に有名な人は、プライバシー権の保障が低くなることもあります。内閣総理大臣は、日本国の代表ですから、週刊誌が密会現場を暴いたとしても、プライバシー権侵害とはなりません。そこで政治の裏取引が行われているかもしれませんし。だからといって、総理大臣の入浴シーンを盗撮するようなことはダメです。

　プライバシー権によって守られているといっても、私たちは個人の情報を様々な場面で自ら提供しています。たとえばスマ

ホです。アプリのダウンロードの際に、名前、生年月日、住所、電話番号、メールアドレス、GPSによる現在地などを提出するように求められる場合もありますよね。

おそらく同意ボタンを押しているので、アプリの会社への情報の提供については同意していることになります。しかしその情報が第三者に渡されることまでは同意していないでしょう。プライバシー権は、勝手に個人の情報を収集されない権利だけでなく、提供した情報をコントロールする権利に発展していると言われます。ですので、収集した人は勝手に第三者には提供できないのです。

ただし、ビックデータとして、個人が特定できない形に情報を処理すれば、本人の同意がなくても提供することは可能となっています。

2 | プライバシー権は憲法に書いてない？

「いまさらプライバシー権なんて言われなくても知ってるよ」という声が聞こえてきそうです。では、プライバシー権は、憲法の何条で保障されているでしょうか？

実は条文はありません。しかし、憲法13条の「幸福追求に対する国民の権利」の中に、プライバシー権は含まれると解釈されています。まさに「新しい人権」なのです。

> **憲法13条**
> ……生命、自由及び幸福追求に対する国民の権利については、公共の福祉に反しない限り、立法その他の国政の上で、最大の尊重を必要とする。

3 |「宴のあと」事件

　日本でプライバシー権が大きな問題となった最初の事件として、「宴のあと」事件があります。

　『宴のあと』というのは、三島由紀夫が1960年に『中央公論』という雑誌に連載し、その後に新潮社から出版した小説です。東京都知事選に落選した元外務大臣である有田八郎を主人公のモデルとした、いわゆるモデル小説なのです。

　この小説には、有田をモデルとした主人公野口雄賢が、野口の妻である福沢かづに対して暴力を振るう場面が描かれています。「頬桁を張られた。彼女は絨毯の上へ崩折れて泣いた」や、「床の上のかづの体を所きらわず踏んだが、その軽い体重はいかにも非力で叫び声をあげながらころげまわるかづの体の豊かな弾力に、足はともするとはね返された」（三島由紀夫『宴のあと』（新潮文庫、1960年［2011年改版］））など、インパクトのあるものでした。政治家にとって致命的なDV（ドメスティック・バイオレンス）が描かれていたのです。

　小説が出版された後、モデルとされた有田八郎は、この小説によって自分のプライバシーが侵害されたとして、著者である三島由紀夫と出版した新潮社を訴えます。

　1964年の東京地裁判決では、プライバシー権が「私生活をみだりに公開されないという法的保障ないし権利として」保障されているとして、有田側の請求を認めました。

　この地裁判決を不服に思った三島と新潮社は、東京高裁に控訴します。ただし、東京高裁での裁判中に有田八郎が死去し、遺族との間で和解が成立したため、裁判は終わります。

　地方裁判所の判決ではありますが、今でも重要な判決と位置

付けられています。

「宴のあと」事件以後も、同じようにモデル小説とプライバシー権との関係が問題となった事件がいくつか起こります。

なかでも柳美里の小説「石に泳ぐ魚」事件が有名です。2002年に最高裁は、モデルとなった人物の顔に大きな腫瘍があり、12才までの間に13回手術を受けたことなどの小説の記述がプライバシーを侵害しているとして、出版の差し止めを認めました。なお『石に泳ぐ魚』は現在、プライバシーを侵害している箇所などを修正して出版されています。

4 ｜ 内申書と入試問題の公開

高校受験の際に、中学校から高校に内申書が提出されています。この内申書ですが、皆さんの個人情報である以上、公立中学校卒業者であれば見ることができます。

たとえば新宿区立の中学校を卒業した場合、区の個人情報保護条例に基づき、内申書の開示請求を出すことができるのです。内申書の原本である指導要録も開示請求できます。このような請求はプライバシー権に基づくものです。

これと似たような制度として情報公開請求があります。これは役所が持っている情報を一般に公開しろと請求するものです。自分の個人情報でなくても構いません。よく間違えられますが、これは知る権利に基づくものなのです。

5 | 平等は超難関！

 高校生

小学校って、5年あれば、よくない？ アメリカみたいに、飛び級があれば、日本人ももっとノーベル賞取れるんじゃない？

 レクチャー

1 | 小学校は6年必要？

　憲法では小学校で学ぶ期間を定めていません。4年でも、5年でも構わないのです。6年と定めているのは学校教育法です。

　アメリカのような飛び級、ドイツのような留年制度は日本にはないので、全員6年間、小学校に通ったはずです。

　日本の教育は形の上での平等、つまり形式的平等を重視していると言えます。

　しかし、全員6年間、必要でしょうか。飲み込みの早い子どもたちは5年間で十分かもしれません。実際、中学受験の塾では5年生で6年生の内容を先取りして学習しています。

　また教育心理学の理論からすれば、学習のスピードは人によって異なるそうです。ですので、全員6年間でマスターしなければならないというのは、一部の子どもたちに無理を強いていて、自動的に落ちこぼれをつくっているかもしれません。

　このように飲み込みの早い人と遅い人にとって、6年間の小学校というのは、不平等な制度とも言えます。

2 ｜ 平等な大学入試

　一概には言えませんが、より高い収入を得られる職業に就くためには、やはり大学受験が大きなチャンスであることは確かです。以前、『ドラゴン桜』というマンガの一場面でありました。「東大行きは極上のプラチナチケットだ」と。

　となると、大学入試は平等に行われなければならないはずです。とりわけ国立大学では縁故入学のようなものはあってはならないでしょう。

　大学入学共通テストでは、知識・技能だけでなく、思考力・判断力・表現力も問われています。2025年からは情報が新しい科目として出題されます。各大学の試験において面接、小論文などの比重も高まっています。さらに一般入試よりも推薦入試や総合型選抜の割合が高まり、現在、4年生大学入学者の半数は推薦組と言われています。

　入試は平等になされなければなりませんが、どのような選抜制度が憲法14条の平等からベストなのでしょうか。

> **憲法14条1項**
> 　すべて国民は、法の下に平等であつて、人種、信条、性別、社会的身分又は門地により、政治的、経済的又は社会的関係において、差別されない。

実はかなりの難問なのです。

　この点、共通テストは、単純に点数だけで判断されるという意味では極めて平等なシステムです。

　しかしペーパーテストは一発勝負が苦手な受験生には不利で

しょう。また共通テストでは、芸術、家庭、保健体育など5教科以外の学習成果が反映されません。

さらに大学では、多様性も一定程度、重要であり、一芸を持っていたり、スポーツに秀でた受験生、そして社会人には特別の入試で合否を判定してもよいかもしれません。

3 ｜ 見た目の差別

大学4年生の就職活動を見ていると、「人は見た目が9割」の法則がかなり当てはまることがわかります。美人が有利とまでは言いませんが、そのような傾向があることは否定できないでしょう。

今後、大学入試でも面接を重視することになると、「見た目」で合否が決まる可能性も否定しきれません。憲法14条1項には、人種、信条など差別してはいけない理由が並べられています。「見た目」という項目はありませんが、これは憲法が「見た目」による差別を許しているという意味ではありません。人種、信条などは歴史的に見て、典型的な差別を例として挙げているに過ぎず、列挙されていない理由による差別、たとえば障がい、国籍による差別なども当然禁止されるとされています。

4 ｜ 不平等はダメ?

学校では不平等は良くないと学びますが、私たちは社会の制度を成り立たせるために、少しだけ不平等を利用します。

先の共通テストでも国語の時間は80分です。評論、小説、古典、漢文と四つの大問を解答しなければならず、一つの大問

は20分程度しか時間がかけられません。ゆっくり読めば解答できる生徒にとっては、80分というのはかなり厳しいのではないでしょうか。だからといって、宿題のように自宅で時間をかけて解答して、後日、提出となると、他の人に手伝ってもらったり、他の人が解答するなどの不正も考えられますから、全国一斉の試験は維持できなくなります。

このように世の中にある制度は、どうしても一部の人たちに不利になっており、その不平等があったとしても、制度の実現のために、仕方がないとされています。

ですので、私たちの社会では、平等とは何かを考えるよりも、どんな不平等が許され、どんな不平等が許されないのかを考える方が生産的でしょう。

5 | 違憲判決が多い平等の領域

日本で法律が違憲になった（法令違憲と言います）のは、戦後、12件しかありません。その中でも、平等に関する事件は、6件もあります。

衆議院議員選挙の一票の格差の問題で2件、刑法の尊属殺重罰規定事件、国籍法の非嫡出子国籍取得制限事件、民法の非嫡出子法定相続分規定事件（P.17）と女子再婚禁止期間事件（P.16）です。

非嫡出子法定相続分規定事件では、1995年には平等に反しないとしたものが、2013年には平等に反すると変わったりしました。

平等は重要ですが、何が平等かはなかなか難しいですね。超難問です。

コラム3　背番号のない女子野球部員

　もはや夏の風物詩となっている夏の甲子園。ひたむきに白球を追う高校球児たちの姿は、毎年多くの人に感動を届けてくれます。本書を読んでいる高校生の皆さんの中にも、甲子園出場を夢見て、日夜練習に励んでいる人も多いのではないでしょうか。高校球児にとってすべての夢が叶う場所、それが甲子園なのです。

　しかし、そんな「聖地」甲子園で、世間を賑わせる出来事がありました。2016年の大会で、大分県の代表校の女子マネージャーが、大会開幕前の甲子園練習中に、グラウンドから退場させられる一幕があったのです。同じ高校生なのに、ただ女性であるという理由だけで、ずっと夢見てきた甲子園に立てないというのは少しかわいそうだとは思いませんか？

　これは、性別による差別の禁止や両性の本質的平等を規定する日本国憲法の精神からすれば、少々問題のある出来事であると思われます。

　そもそも、なぜこのようなことが起こったのでしょうか。

　高校野球の大会は、高野連の定める規定に従って実施されるわけですが、大会に参加する資格として「その学校に在学する男子生徒」に限るとの定めがあります。

　つまり高校野球の公式戦に、女子部員が背番号を付けて参加することはできません。試合開始前に行われるシートノックの手伝いをする補助員についても、男子生徒に限るとの規定があり、こちらも女子部員が行うことはできないのです。

　もっとも女には野球はいらないなどという女子差別をするためにできた規定ではありません。これらの規定をつくったのは、もともと女子を危険から保護するものなのです。

　ただ、現実には多くの高校で女子マネージャーはヘルメットを着用し、安全に十分配慮した上でグラウンドに立っており、女子、男子にかかわらず安全は十分に確保されています。

　憲法の平等からすれば、今後、規定が改定され、女子部員にも甲子園を目指す機会が与えられるべきでしょう。

　今回は高校野球の例でしたが、皆さんの所属する部活動ではどうでしょうか？　同じような問題はありませんか？　憲法は何も遠いところにあるものではなく、実はとても身近なところに問題が潜

んでいたりします。皆さんの周りにも同様の問題が隠れていないか、探してみてください。

コラム4 女子校が違憲と言うが……

皆さんの通っている学校は共学ですか？　男子校ですか？　それとも女子校でしょうか？　男女共学か別学かは、学校を選ぶときにも、結構気にするところなのではないでしょうか。

歴史でも学んだと思いますが、かつては女子には教育は必要ないと考えられていました。明治以降に、ようやく女子にも知識や教養を身に付けることが認められてきましたが、その女子教育の基本は「良妻賢母」を育てることが中心で、手芸や家政などを上手にこなせる良い妻や賢い母を育てることにありました。

戦後、憲法にも男女平等が記されるようになってから、共学校も増え、女子の教育水準や教育の目的も男子と区別なく、同等になってきました。今では、女子と男子の教育水準や進学率の差も大きくはなくなりました。そこで、今も女子だけが入学できる学校があるのは、逆に男子への差別なのではないかという意見が出るようになりました。

国公立の学校であれば、国のお金で運営されているわけですし、憲法の男女平等に違反するのではないかという意見もあります。私立の学校であっても、少なからず国からの補助金をもらって学校を運営しているので、女子校というのは違憲だということも言えなくはないということになります。

しかし、男子と女子では、成長過程において、肉体的にも精神的にも異なるため、男女別学の存在意義は大きいとも考えられます。同じ年齢でも女子と男子では精神年齢が違うという話も聞きますよね。授業一つとっても、男子と女子では興味を示すところが違うでしょう。男子の方はゲーム的に競う問いかけをすると反応が良かったり、女子は丁寧な説明をした上で問題を投げかけた方が効果的だという意見もあります。

当たり前ですが、たとえば女子校では、女子が力仕事もしますし、

クラスの中の女子が代表委員にもなるわけです。つまり、共学校よりも、異性の目を気にしないことはもちろん、女らしさや男らしさといった性別役割意識（ジェンダー）にとらわれる必要がないのです。その意味において、女子校は一人ひとりの可能性を引き出し、自立を促す環境であるといっても過言ではありません。

社会に出れば、当然「女子だけ」「男子だけ」で生きていくのは無理です。もちろん性別によって不合理に待遇が違うことは許せないことです。しかし、成長過程においては、「女子だけ」「男子だけ」という環境だからこそできることや、その特殊な環境だから身に付く力というものもあると考えられます。このことは、日本だけでなく、世界中に名門女子校や名門男子校が数多くあることからも、教育的意義は大きいということがわかります。

女子生徒しか家庭科を受けられない、男子生徒しか体育を受けられないというような差別は許されないことは言うまでもありませんが、学びたい内容を学ぶ機会がきちんと保障されているのであれば、憲法の言う男女平等は保たれていると考えられます。女子校や男子校は、今後も存在すべき価値あるものであると思います。

6 | お金がなければ勉強できない

高校生

勉強するより、働く方が重要でしょ。うちの大学生の兄貴なんか、大学の授業を休んで、バイトしてるけど(笑)。

レクチャー

1 | 精神的自由権はエラい！

言うまでもなく、自由権はどれも大切です。大学で憲法を習う際には、自由権を大まかに精神的自由権と経済的自由権に分けて学びます。

精神的自由権	経済的自由権
思想・良心の自由(19条) 信教の自由(20条) 集会・結社・表現の自由(21条1項) 通信の秘密(21条2項) 学問の自由(23条)	居住・移転・職業選択の自由(22条1項) 移住・国籍離脱の自由(22条2項) 財産権の不可侵(29条)

精神的自由権とは、人間の心の中の働きの自由を保障し、これに対して、経済的自由権とは、人間の経済活動の自由を保障する権利と言って良いでしょう。

いずれも重要な自由なのですが、憲法学者はズバリ「精神的自由権は経済的自由権に優越する」と言い切ります。ある意味、お金を儲けるよりも、自由に勉強できることの方が重要と言っているんです。

しかし、皆さんの感覚からすれば、お金がなければ、塾にも大学にも行けないと思うでしょう。憲法学者たちは世間では通用しない非常識なことを語っているのでしょうか。

2 | まずは呪文から

> 人権のカタログのなかで、精神的自由権は民主政のプロセスにとって不可欠の権利であるから、経済的自由権に比べて優越的な地位を占め、精神的自由権を規制する法律については経済的自由権の規制の場合よりも厳格な基準によって審査されなければならない。

大学で憲法を勉強すると、以上のような呪文を必ず覚えます。これを覚えたからといって、魔法が使えるようになるわけではありませんが、テストに受かる可能性が高くなります。

もっとも法学部の学生でも、丸暗記しているだけで、内容を理解していないことも多いので、以下、やさしく説明してみましょう。

3 | 呪文の意味1

まず「精神的自由権は経済的自由権に優越する」のは、精神的自由権が民主政のプロセスにとって不可欠の権利だからです。

日本国憲法は民主主義を採用しています。民主主義を実現するためには、多元的な意見の表明が前提となります。好きなように考えることができ（思想・良心の自由）、それを好きなように

発表することができる（表現の自由）からこそ、民主主義が成り立ちうるのです。

実際、選挙では自民党から、民進党、公明党、日本共産党……泡沫(ほうまつ)候補など、様々な立場の人たちが立候補し、駅前での演説、政見放送、インターネットなどを通じて政策を主張します。これは表現の自由によって保障されています。

同時に私たち有権者も、給付型奨学金を拡充してほしい、保育所を増やしてほしい、消費税を上げないでほしいなど、候補者に対して実現してほしい政策を伝えたりします。これも表現の自由によって保障されているのです。

もし表現の自由が抑圧されてしまうと、このようなプロセスが傷つけられ、多元的な意見に基づかない、偏った選挙が実施されることになります。

「偏った選挙→偏った国会議員→偏った国会→偏った法律」と、いったんプロセスが傷つけられると、この「偏り」は民主主義自体の力ではもはや回復できないとされ、さらなる悪循環に陥るとされています。

文部省『あたらしい憲法のはなし』より。

4 | 呪文の意味2

そこで、裁判所の登場なのです。

戦後初期の段階では、裁判所は「公共の福祉」を振りかざして、理由を曖昧にしたまま人権に対する規制を認める傾向にありました。しかし、そうなってしまうと、人権保障も不安定になってしまいます。そのため、憲法学者たちから「裁判所は人権の規制についてこう考えるべきだ」という、いわゆる審査基準論が示されることになりました。それが先ほどから登場している呪文なんです。

「精神的自由権を規制する法律については経済的自由権の規制の場合よりも厳格な基準によって審査されなければならない」

違憲・合憲の判断をするのは裁判所であり、実際には裁判官です。裁判官が、判断する際に、精神的自由を規制している法律が問題となった場合は、基本的に違憲という頭で判断に臨めということです。

これに対して、経済的自由を規制する法律の場合は、基本的に合憲で良いということです。裁判官は法律家の専門家に過ぎません。それゆえ十分に精通していない経済分野の法律については国会を信じて良いということです。

このように憲法の人権の規定は、実は41条以下の国会・内閣・裁判所の関係にも影響を与えているのです。

5 | 呪文の意味3

精神的自由の審査に用いられる「厳格な基準」とは何か。裁判官が法律を合憲か違憲かを審査する際には、法律をつくる目

的と、それを達成する手段を審査します。

　厳格な基準とは、目的に対して手段が最小限でなければならないということが求められます。

　たとえば学校の授業の静かさを維持するための法律をつくったとしましょう。授業が騒がしいと、授業を受ける権利が侵害されることになりますので、授業の静かさを維持するという立法の目的は問題ないでしょう。この達成手段として、騒がしい生徒を退学にする、出席停止にする、口頭で注意するなど、様々な方法があり得ます。

　しかし口頭注意という、より軽微な手段がある以上、いきなり退学にするという手段は違憲になるということなのです。

6 ｜ でもお金って大事じゃない？

　実は裁判所が経済的自由権について重視しないことについては批判もあります。というのも、実際問題として、いくらたくさん発言できたとしてもお腹（なか）はふくれないからです。やはり生きるためには、お金を稼ぐことが必要です。皆さんの中にはバイトをしながら高校に通っている人もいるでしょう。そう考えると、高校生バイト全面禁止法のような法律ができた場合に、裁判所が「緩やかな基準」を使って合憲とすることが良いことなのか、考える必要があるでしょう。

　もちろんアルバイトよりも、勉強が大事なのですが！

コラム5　同性婚、そしてパートナーになる権利

　2015年6月、アメリカの最高裁判所は、同性婚を認めない州の法律が憲法の保障する平等に反しているとする判決を下しました。これ以降、アメリカでは、全土で同性婚が認められるようになったのです。

　世界的に見ても、同性婚を法律上、男女の婚姻と同じ形で認めている国は、イギリス、フランス、オランダ、ベルギー、スペイン、ノルウェー、スウェーデンなどすでにかなりの数にのぼっています。

　同性婚は認めていませんが、ドイツ、イタリア、スイスなどでは同性パートナーシップまたはシビルユニオンと呼ばれる、異性婚と同じような法的な地位を同性カップルに認めています。Facebookの交際ステータスには、シビルユニオンの選択肢もあったりします。

　日本はどうかというと、同性婚も、同性パートナーシップも認めていません。

　憲法上、婚姻の自由を保障する憲法24条1項に「両性」という言葉が使われているので、憲法で同性婚が禁じられているとの考えもありますが、憲法14条の平等（P.31）、そして憲法13条の幸福追求権（P.27）から、むしろ同性間の婚姻も異性間の婚姻同様、権利として認められるべきではないでしょうか。

　東京都の渋谷区や世田谷区などでは、同性カップルに対してパートナーシップ証明を出しています。これによって携帯電話の家族割などが適用されるようになりました。しかし世界のスタンダードから比べると、まだまだでしょう。

　アメリカで同性婚を認めた最高裁判決が出された際、オバマ大統領（当時）は「今日は平等に向けた行進の大きな1歩だ」とTwitterでつぶやきました。日本の総理大臣がこうつぶやく日も、近いのではないでしょうか。

コラム6 憲法判例ベスト3

本書の執筆者のうち大学教員チーム5人に、憲法判例ベスト3を尋ねてみました。

> 1位 猿払事件判決（最高裁1974年11月6日大法廷判決）
> 2位 薬局距離制限違憲判決（最高裁1975年4月30日大法廷判決）
> 3位 旭川学力テスト判決（最高裁1976年5月21日大法廷判決）

猿払事件判決は、郵便局員（当時は国家公務員）が、休日に政治活動を行ったことで逮捕された事件です。24時間365日、政治活動を禁止している国家公務員法が違憲ではないかが争われました。最高裁は合憲と判断しました。最近の判決でも、国家公務員法が合憲とはしていますが、休日にチラシをポストに入れるぐらいなら良いのではないかという判断もあります。

薬局距離制限違憲判決は、薬局を開設する際の距離制限を違憲とした判決です。今、都市部の駅前ではドラッグストアが何軒もありますが、この判決がなければ駅前には1軒しかなかったかもしれません。

旭川学力テスト判決は、教育の内容を決めるのは、国か先生かが争われた事件です。皆さんの教科書のもとになっている学習指導要領も問題となりました。

いずれも最高裁判決で、最高裁の裁判官全員が参加する大法廷での判決ですから、横綱級です。

なお2017年のセンター試験の政治・経済では、長沼ナイキ基地訴訟、全逓名古屋中央郵便局事件判決、三菱樹脂事件判決、津地鎮祭訴訟判決が出題されています。2016年のセンター試験の現代社会では、住基ネット判決、「石に泳ぐ魚」事件、国籍法の非嫡出子国籍取得制限事件判決、議員定数不均衡訴訟などが問われています。

7 | 内申書に響くぞ！

高校生

中学校のときに、担任の先生に文句を言ったら、「内申書に響くぞ！」って言われたけど、これ人権侵害じゃないの？

レクチャー

1 | 内申書

　中学生が高校受験する際に、中学校から高校に送付されるのが内申書です。都道府県によって異なりますが、とくに公立高校の入試においては合否の判断材料になります。東京都立高校の第1次募集では学力検査と内申書の比率が7：3になります。

　もっとも先生に「内申書に響くぞ！」と言われたときには、9教科の成績ではなく、自由記述欄が問題です。ある意味、先生が生徒について思ったことを自由に書くことができるのですから。

　昔、こんな記述を書かれた生徒がいました。「校内において麹町中全共闘を名乗り、機関紙『砦』を発行した。学校文化祭の際、文化祭粉砕を叫んで他校生徒と共に校内に乱入し、ビラまきを行った。大学生ML派の集会に参加している。学校側の指導説得をきかないで、ビラを配ったり、落書をした。」

　この記述について、最高裁は「いずれの記載も、上告人の思想、信条そのものを記載したものではないことは明らかであ」

（上告人はこの生徒）るとしました（麹町内申書事件）。

> **憲法19条**
> 思想及び良心の自由は、これを侵してはならない。

皆さん、どうでしょうか。

彼は私立高校2校と公立高校を受験しましたが、いずれも不合格となりました。2次募集などでも2校不合格になり、そのうち1校は受験者95名中85名合格しており、学科試験では14番の成績だったにもかかわらず不合格となったのです。

最近では個人情報の開示制度があり、開示が原則ですので、このような生々しい内申書の記載はないようですが、「内申書に響くぞ！」と言われている中学生はまだまだ多いように思われます。

なお、「彼」は東京都の世田谷区長の保坂展人さんです。

2 ｜ 大学受験の場合は？

大学入試には内申書はありませんが、調査書がこれに当たります。しかし推薦入試やAO入試は別にして、一般入試では調査書の良し悪しで合否が決まることはないと思います。

とくに最近は入試の情報公開が進んでおり、個人の得点や合格最低点が公開されていますから、調査書が悪いという理由だけで不合格にはならないでしょう。実際のところ、学生の募集定員が千人を超える学部、マンモス大学では一通一通、見ている時間はないと思います。

8 | パワーストーンと信教の自由

高校生

雑誌に「この石の未知なる力で、あなたに幸福を呼び寄せる」って広告を見て、2万円で買ったんだ。片思いの彼から告白もされたし、石のおかげでめっちゃ幸せ。あなたも買う？

レクチャー

1 | 信教の自由

　1980年代、コックリさんが教室で流行(はや)りました。1999年末にこの世は滅びるとするノストラダムスの大予言もマジで信じていました。

　最近ではアニメ『妖怪ウォッチ』が小学生で人気のようです。もしかすると、「この世で起きる不可解な出来事は、すべて妖怪の仕業」と多くの小学生は信じているかもしれません。

　どう考えても科学的ではないことであっても、その人が信じるところの神、仏、悪魔、妖怪……すべて信教の自由として、憲法は保障しています。

> **憲法20条1項**
> 　信教の自由は、何人(なんびと)に対してもこれを保障する。……

　ここでは心の中で信じるだけでなく、お経や呪文を唱えたり、

不思議な服を着たりと、宗教上の儀式の自由も当然保障されています。

2 | オウム真理教と霊感商法

1990年の衆議院選挙で、麻原 彰晃（あさはらしょうこう）は真理党党首として立候補しました。当時、「しょーこーしょーこーしょこしょこしょーこー♪あーさーはーらーしょうこ」というフレーズを皆が口ずさんでいました。

しかしながら、1995年の地下鉄サリン事件をはじめとして、殺人などの犯罪が明らかになりました。宗教と言っても、刑法などの法律によって制限を受けることもあります。

また、2万円のパワーストーン程度ならば許されるのかもしれませんが、「あなたには、先祖の因縁がある」などと言って不安に陥れ、「この壺を家に飾っておくと、幸せになれる」と、100万円の壺を買わせたりすることは詐欺に当たります。

このような霊感商法に皆さんも気を付けてください。

3 | 政教分離原則

日本国憲法は政教分離原則を定めています。これは政治（国家）と宗教が分離されなければならないという原則です。

> **憲法20条1項**
> ……いかなる宗教団体も、国から特権を受け、又は政治上の権力を行使してはならない。

> **3項**
> 　国及びその機関は、宗教教育その他いかなる宗教的活動もしてはならない。
>
> **憲法89条**
> 　公金その他の公の財産は、宗教上の組織若しくは団体の使用、便益若しくは維持のため、又は公の支配に属しない慈善、教育若しくは博愛の事業に対し、これを支出し、又はその利用に供してはならない。

　世界では、イスラム圏の国々のように政教一致を採用する国もあり、政教分離原則は必ずしも世界のスタンダードとは言えません。

　また宗教教育を公立学校でもやっている国があります。たとえばドイツでは宗教の時間があり、それぞれの宗派に分かれて宗教の授業を受けます。日本にたとえれば、週1時間、お坊さんが来て、お経を唱えたり、座禅を組んだりするのと同じということです。

　しかし日本国憲法では、戦前の宗教弾圧などの反省を踏まえ、厳格な分離でなければならないとされています。

　もちろん、一切、宗教に関わってはいけないとなると、キリスト教・仏教などの宗教系の私立学校への助成が行えなくなります。多くの幼稚園や大学が宗教系であることからすると、これをすべて政教分離原則違反とするのは、非現実的でしょう。

　となると、どこまでの関係が許されるのか。最高裁は、政教分離原則によって禁止される宗教的活動とは、行為の目的が宗教的意義をもち、その効果が宗教に対する援助、助長、促進ま

たは圧迫、干渉等になるような行為としています。これを「目的効果基準」と呼んでいます。

4 ｜最高裁の判断

　目的効果基準が確立したのは、1977年に最高裁で下された津地鎮祭訴訟です。これは三重県津市の市立体育館の起工式で神主さんを招いて行った地鎮祭について、政教分離原則には反しないかが問題となったのですが、最高裁は目的効果基準に照らし、地方自治体が地鎮祭を行っても政教分離原則には反しないと判断しました。

　これに対して、1997年、愛媛県知事が靖国神社などへ玉串料を奉納することが政教分離原則に反するか争われた愛媛玉串料訴訟で、最高裁は同じ基準に拠りながら、県が玉串料を税金から支出することを政教分離原則に反すると判断しました。

　愛媛玉串料訴訟の方は少数派の視点を取り入れているとも言われますが、どこが分かれ目なのか、なかなか難しく、目的効果基準は「目盛りのない物差し」とも揶揄されたりもしています。

　さらに「エホバの証人」を信じる生徒が、公立の高専高校で宗教上の理由から体育の剣道実技を拒否した事件では、最高裁は他の生徒が必修で履修しなければならないのに、彼だけには実技免除を認めています。このような特別扱いをしても、目的効果基準からして、政教分離原則には反しないとしました。

　最近では、目的効果基準を使わず、違憲と判断する判決も出てくるようになりました。それが空知太神社事件です。最高裁は、市が町内会に無料で貸している市有地に、鳥居や「神社」

という表示のある祠が建てられていることを、ダイレクトに政教分離原則に反するとしたのです。

5 | 宗教と文化の境とは？

たとえば学校の給食で、食べる前にみんなで「いただきます」をしますが、誰に頂いているのでしょうか。食べ物を作ってくれた農家の人たち、私たちのために命を捧げてくれた牛や豚さんたち……。

具体的な人ではなく、名前もない匿名の人たちや物に感謝するということは、神に感謝することと近くなります。となると、「いただきます」も政教分離違反でしょうか。全員で「いただきます」をする姿はヨーロッパの人たちから見れば、まさに宗教的儀式にも見えます。

しかし、多くの日本人は「いただきます」の際に、宗教のことなんか考えていません。

ここに日本の政教分離の難しさがあります。

9 | ヘイト・スピーチと表現の自由

ネットを見てたら「日本にいる○○人は死ね」とか書いてあるブログを見つけたんだけど、こういうのってどうなの？

1 | コミュニケーションって大切

　誰かとコミュニケーションをとることは、私たちが生きていく上で欠かせないことです。赤ちゃんだって、意見とは言えないかもしれませんが、泣いたり、笑ったりして、コミュニケーションをとろうとします。放課後の帰り道のおしゃべりも、LINEでのやり取りも、すべてコミュニケーションです。

　このような相互のコミュニケーションを通じて、私たちは自分自身を発見し、そして成長させていくのです。彼氏や彼女にフラれたとき、誰かに話を聞いてほしいと思ったことはないでしょうか。結局、答えは自分で見つけなければならないとわかっていながらも、相談してしまいますよね。こうして、皆一歩一歩、大人になっていくのです。

　コミュニケーションは、私たちにとってまさに根源的な活動の一つですが、これは憲法21条の表現の自由によって保障されています。

> **憲法21条1項**
> 　集会、結社及び言論、出版その他一切の表現の自由は、これを保障する。

　憲法で表現の自由が保障されているのは、人間にとってコミュニケーションが大切であるということだけに留まりません。民主主義にとっても重要だからです。つまり民主主義では、様々な意見が自由に表明できることが前提ですので、国家がコミュニケーションのプロセス、また情報の流通に介入することは許されないのです。

2 | 表現の自由の規制はダメ！

　憲法学では、このような表現の自由の「超」重要性から、表現の自由は原則として規制をしたりしてはいけないとされています。

　たとえば他人の悪口を言うことは、刑法の名誉毀損罪に当たる可能性があります。しかし、言い方は少し良くないのかもしれませんが、悪口も含めて、様々な意見を言うことは憲法21条によって保障されているのです。実際、悪口と批判は紙一重ですので、正当な批判が「悪口」とのレッテルを貼られ、封じ込められるようなことはあってはならないのです。

　また憲法21条2項では、政府による検閲を例外なく禁止しており、コミュニケーションは二重に守られているのです。

> **憲法21条2項**
> 検閲は、これをしてはならない。……

　最高裁は少し長いですが、検閲を「行政権が主体となって、思想内容等の表現物を対象とし、その全部又は一部の発表の禁止を目的として、対象とされる一定の表現物につき網羅的一般的に、発表前にその内容を審査した上、不適当と認めるものの発表を禁止する」ことと定義しています。

　憲法21条2項に誰が検閲の主体かについては、具体的に書かれていませんが、行政権と考えられています。なお裁判所は除かれます。裁判所は他人の名誉やプライバシーを侵害したりするような場合には、週刊誌などの差止めができるとされていますが、これは21条1項の表現の自由の制限の問題と考えます。

　また最高裁の検閲の定義は狭すぎるとよく批判されます。思想が現れているものとされる以上、思想性が低いとされるアダルトビデオについては除外される可能性があります。

　また発表を封じ込めるようなものでなければならず、事前の審査に限りますので、すでに一般に発売されている本を東京都が「不健全な図書類」と指定し、18歳未満の人たちに販売できないようにすることは検閲の範囲外になってしまうのです。

3 ｜ 表現の自由をめぐる現代的問題

　ところで本当に悪口を取り締まることはできないのでしょうか。極めて現代的な問題で、表現の自由の「超」重要性は揺らいでいます。

2015年1月、イスラム教の予言者であるムハンマドの風刺画を掲載した週刊誌「シャルリー・エブド」の編集部が、イスラム過激派によって襲撃されるという事件が起きました。

　仏教では奈良の大仏、キリスト教ではイエス・キリストの絵などがありますが、イスラム教では偶像崇拝は禁止されているのです。イスラム教の預言者ムハンマドも例外ではありません。イスラム教徒にとって、ムハンマドの風刺画は、まさにイスラム教に対する冒涜になるのです。

　日本では、特定の民族を排斥するような差別的言動であるヘイト・スピーチが問題になっています。ある団体が朝鮮学校の小学校の校門前に集まり、「日本から叩き出せ」「犯罪者に教育された子ども」などといった言葉を、何回も拡声器で浴びせるという事件が起こりました。

　皆さんの高校で同じようなことが起こったら、どうでしょうか。ヘイト・スピーチによってひどく傷ついている人たちがいるのに、それも表現の自由によって守られているという理由で、放置しておいてよいのでしょうか。

　2016年6月にはヘイト・スピーチ対策法が施行され、国民、国、地方自治体には、このような不当な差別的言動のない社会を実現するための努力義務があると謳われています。

　あくまで努力なので、この法律では罰則は設けられていません。誰かが差別的言動を行ったとしても、罰せられることはないのです。罰則があったほうが効果的だと思う人も多いかもしれませんが、罰則を設けると、表現の自由へのかなりの脅威になるおそれがあり、あえて設けていないのです。

10 | 教科書裁判

高校生

教科書って、なんでおもしろくないんだろう。これ、文部科学省が検定してるから？

レクチャー

1 | 教科書検定

　小学生のとき、新しい教科書をもらうと、次はどんな勉強なんだろうとワクワクしましたよね。でも中学生や高校生ぐらいになると、教科書って、なぜ説明調で、あまりおもしろくないんだろうと思ったことはないでしょうか。たとえば歴史マンガや歴史小説と比べると、歴史の教科書って退屈ですよね。

　これは教科書検定に原因があるかもしれません。教科書は、出版社が自由に発行できるわけではないのです。東京書籍、山川出版社、数研出版、そして三省堂のような民間の教科書会社が出版していますが、教科書の奥付に「○○○○（平成○）年○月○日　文部科学省検定済」と印刷されているように、文部科学省の検定を経なければなりません。

　検定では、誤字・脱字をチェックするだけでなく、その記述の内容に踏み込み、ときとしてそこに現れている思想内容のチェックまでしているのが実態です。

2 | ギネス記録にもなった教科書裁判

　教科書検定が検閲ではないかと考えている人も多いのではないでしょうか。

> **憲法21条2項**
> 　検閲は、これをしてはならない。……

　教科書検定が、憲法21条2項の禁止する検閲に当たるかどうかが争われたのが、家永(いえなが)教科書訴訟です。政治・経済の資料集に掲載されていたり、2015年度の大学入試センター試験でも出題されていますので、皆さんもよく知っているでしょう。東京教育大学（現在の筑波大学）の家永三郎教授が、三省堂『高校日本史』の検定不合格処分などについて訴えた事件です。
　1965年に第1次訴訟が提起されて以来、第2次、第3次訴訟を経て、30年以上にわたり争われ、もっとも長い民事訴訟としてギネスブックに認定されています。

3 | 最高裁の判決は?

　最高裁では、全国的に一定の水準の確保が要請されるといった教科書の特殊性、そして不合格となっても一般図書として出版できるということなどから、教科書検定は憲法21条2項の検閲に該当しないとしました。
　もっとも第3次訴訟の最高裁判決で、文部大臣が削除しろと言った点に行き過ぎがあったとして、合計40万円の賠償を認定したことはあります。

「またハルビン郊外に731部隊と称する細菌戦部隊を設け、数千人の中国人を主とする外国人を捕らえて生体実験を加えて殺すような残虐な作業をソ連の開戦にいたるまで数年にわたってつづけた。」の部分の削除指示が判決で違法だとされた点の一つです。

> **コラム7 国歌斉唱**
>
> 　国公立の高校では、入学式・卒業式などで国歌斉唱があります。皆さんの多くは何とも思っていないかもしれませんが、思想や信仰から歌えないという人たちもいます。
> 　生徒の場合は、起立斉唱しなくても問題はありませんし、憲法19条の思想・良心の自由（P.45）、20条の信教の自由（P.46）からすれば、斉唱を拒否する権利があります。しかし教員の場合は、公務員ということもあり、処分を受けることがあります。
> 　最高裁は東京都立高校の教員などが国歌斉唱の際に起立しなかった事件で、国歌斉唱を「慣例上の儀礼的所作」、つまりマナーの問題としてはいますが、斉唱の強制は憲法19条の思想・良心の自由（P.45）に対する間接的な制約になるとしています。

11 | 少年の実名報道

 高校生

テレビで、殺人事件のニュースやってる。これ、顔を隠しているけど、あいつとか？ ネットで検索してみようか。

 レクチャー

1 | テレビ局や新聞社の報道の自由

　テレビ局や新聞社などのマスメディアのニュース報道は、私たちの貴重な情報源です。とくに民主主義社会では、選挙の際にきちんとした判断をするために、様々な情報に触れておく必要があります。

　最高裁判所も、「民主主義社会において、国民が国政に関与するにつき、重要な判断の資料を提供し、国民の『知る権利』に奉仕するもの」としてマスメディアの報道を位置付けています。

　もしマスメディアが国に都合の良い情報しか流さなくなったら、どうなるでしょうか。戦前の大本営発表のように、私たちはダマされ、国が滅亡する可能性すらあります。

2 | テレビ局はやっぱりエライ

　最近は、「テレビは不要」「ニュースはネットの方が早い」といったように、若い人たちにはインターネットの方が与える影

響が大きいようです。しかし、You Tubeがまだテレビにはかなわないように、まだまだテレビの影響力は健在でしょう。

もし誰でもテレビ局を自由に作れるようになると、影響力は弱まるかもしれません。しかし、電波が有限なので、チャンネル数、つまりテレビ局の数は限られています。

このような事情もあり、テレビ局は免許を受けなければならず、番組の編成に当たっても「報道は事実をまげないですること」や「意見が対立している問題については、できるだけ多くの角度から論点を明らかにすること」が法律で求められています。

このような規定があると、番組内容が偏っているので、免許を取り消すなどとして、国がテレビ局に介入してくるおそれもないとは言えません。そのようなことを防ぐ意味もあって、国でもテレビ局でもない第三者機関として「放送倫理・番組向上機構」(BPO)があります。視聴者などから問題があるとされた番組を検証して、放送局に意見などを伝えて改善を促しています。

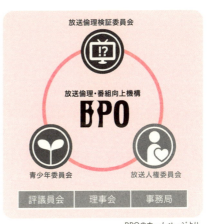

BPOのホームページより。

3 ｜自由に報道するために…

　報道のためには、取材が必要です。視聴者などから情報の提供があったとしても、正確な報道をするためには裏を取る必要があり、やはり取材は必須なのです。このような取材を支える権利として、取材の自由があり、表現の自由に含まれると考えられています。

　しかし、取材は、ときとしてきわどい領域に踏み込みます。若手の新聞記者は、上司から「雁首取ってこい」と言われます。雁首とは、事件の加害者や被害者の顔写真のことです。Facebookなどから取れる場合もありますが、近所の家を一軒一軒訪ね、中学校の卒業アルバムなどを探し出したりします。

　また報道ではスクープが重要です。たとえば日本の首相がアメリカ政府と裏の約束をしていたような場合、それを他社よりも先に報道したら、スクープになります。しかし、記者が政府の関係者からこっそり聞き出したような場合、国家機密の漏えいに当たるのです。このように取材はきわどいところまで攻めることもあるのです。

　ですので、記者には誰から情報を得たか、つまり取材源を秘密にしておくことができる権利が取材の自由から認められるとされています。

4 ｜少年事件の実名報道

　報道の自由がどこまで認められるかという問題として、少年（ここには女性も含まれます）の実名報道があります。成人の場合、名前や年齢、さらには顔写真や映像などが報道されます。

しかし20歳未満の未成年の場合は、少年法61条で、実名報道は自粛され、「少年A」となります。これは罪を犯した少年が、将来更生して社会復帰できるようにするために設けられています。

> **少年法61条**
> 家庭裁判所の審判に付された少年又は少年のとき犯した罪により公訴を提起された者については、氏名、年齢、職業、住居、容ぼう等によりその者が当該事件の本人であることを推知することができるような記事又は写真を新聞紙その他の出版物に掲載してはならない。

ただし、この規定には罰則がありません。ときおり、週刊誌に顔写真と名前が掲載され問題となることもあります。あくまでマスメディアが自分たちの判断として報道しないという選択肢が採られているのです。

5 | インターネットの登場と実名報道

インターネットの登場により、情報を集める方法や、情報の発信の仕方などが大きく変わりつつあります。少年事件では、テレビや新聞で実名が報道されなくても、インターネット上で名前や年齢などが公にされることが後を絶ちません。

少年法61条では、「新聞紙その他の出版物」とあるように、紙媒体のマスメディアを対象とした条文となっています。しかし、この条文の目的が、少年の更生・社会復帰などであるなら、紙媒体のマスメディアだけに限定する理由もとくにないはずです。

なお、選挙権の成年年齢が18歳に引き下げられたことをきっ

かけとして、少年法の適用年齢も20歳から18歳に引き下げるという議論がなされていますが、もし18歳に引き下げられると、高校生でも実名や高校名が報道されることになる可能性があります。

> **コラム8** 条文暗記が憲法の勉強？
>
> 高校のテストや入試ではよく憲法の条文の丸暗記が問われます。やはりベスト1は、9条ですね。
>
> > 日本国民は、正義と秩序を基調とする国際平和を誠実に希求し、□□の発動たる戦争と、□□による威嚇又は武力の行使は、国際紛争を解決する手段としては、永久にこれを放棄する。
> > 2　前項の目的を達するため、陸海空軍その他の□□は、これを保持しない。国の□□は、これを認めない。
>
> 憲法25条もよく出題されます。
>
> > すべて国民は、□□で□□的な最低限度の生活を営む権利を有する。
>
> 統治では41条でしょうか。
>
> > 国会は、□□の□□機関であって、国の唯一の□□機関である。
>
> 憲法の勉強として、条文暗記はあまりおススメできません。弁護士が六法を全部暗記していないように、憲法学者も憲法の条文をすべて暗記しているわけではないからです。
> おそらく今、この場で前文を暗唱してみろと言われて、最後まで言える憲法学者はほとんどいないと思います。
>
> ※答えは66頁にあります。

12 | 小学校のときの夢と現実

 高校生

小学校のときからの夢は、医者になることなんだけど。医者になるには、医学部に入って、医師免許に合格しなければならないよね。なんでこんなにハードル高いの？

 レクチャー

1 | 職業選択の自由ってホントにあるの？

　どんな職業に就くのか、夢を持つことは大変大切ですが、現実には、皆が就きたい職業で働くためには大きなハードルがあります。憲法で言えば、22条の職業選択の自由があるにもかかわらず、様々な規制があり、100％自由とは言えません。

> **憲法22条1項**
> 　何人（なんびと）も、公共の福祉に反しない限り、居住、移転及び職業選択の自由を有する。

　小学生に人気の医師になるには、医師免許に合格しなければなりません。この国家試験は、1年間に8,600人程度しか合格しませんし、そもそも、試験を受けるためには、医学部に入学し、6年間しっかりと学び、卒業することが前提となっています。

■小学生の「将来なりたい職業」

順位	男子児童	順位	女子児童
1位	医師	1位	医師
2位	サッカー選手・監督	2位	パティシエール
3位	野球選手・監督	3位	薬剤師
4位	宇宙飛行士・宇宙関連	4位	教師
4位	ゲーム制作者関連	5位	保育士

日本FP協会が2015年に実施した小学生『夢をかなえる』作文コンクールより。

2 | 医師免許という規制

　医師になるのに免許が必要だということは、職業選択の自由が制限されているということです。

　医師は命を預かるのだから、規制は当然だと思うかもしれません。それならば、医師免許がなくても、医師になる能力がある人は医師として働いても良いでしょうか。答えはノーですよね。

　患者が皆、自分を担当する医師にそうした能力が十分にあるかどうかを見極めることは普通できません。仮に患者の側でそうした判断ができるとしても、一回一回、「本当に大丈夫なのか」とチェックするのは大変です。

　このような問題を解決するために、職業選択の自由を憲法で保障しながらも、医師免許という規制を加え、より安全な医療が実現できるように図られています。

3 | 免許制度以外の規制

　職業選択の自由を制限する規制は、免許だけではありません。パティシエールは、世界的なパティシエールになったとしても、

都道府県から許可を得なくては、自分のお店を持つことはできないのです。

なぜこうした制限があるのでしょうか。それは、パティシエールのお店のような飲食店は食べ物を扱いますので、不衛生な環境でつくられたものが販売されたりすると、集団食中毒など重大な問題につながりかねないからです。

4 ｜ 許される規制と許されない規制

免許や許可を与える際、様々な条件があります。たとえば教員免許には日本国憲法の単位の取得が条件です。

もし必要以上に条件を厳しくしてしまうと、憲法で職業選択の自由を保障している意味はなくなってしまうでしょう。最高裁判所も、そういった規制は許されないと判断しています。1975年に出した薬局距離制限違憲判決では、薬局を開くための許可について、その条件が問題になりました。

以前は、町に多くの薬局ができてしまうと、その中で競争が激しくなり、結果として質の悪い薬が販売されてしまうのではないかと考えられていました。そのため、新しく薬局を開く場合、一定の距離はなれた場所でなければ、許可は与えないと法律で決めていたのです。

しかし、最高裁判所は、こうした許可の条件は厳しすぎるとして、職業選択の自由に反するという判決を下しました。

今、駅前に薬局がたくさんあるのは、このような距離制限がなくなったからです。距離制限がなくても、期限の切れた薬なんか売っていませんよね。

ドイツの薬局
※ドイツ連邦憲法裁判所では1958年に薬局の距離制限を違憲と判断しました。

> **コラム8の答え**
>
> 9条：国権　武力　戦力　交戦権
> 25条：健康　文化
> 41条：国権　最高　立法

13 | ミッキーマウスと憲法

 高校生

この前、ミッキーマウスを体育祭のポスターに描こうと思ったら、「著作権法違反になるよ」と注意されたんだけど…。表現は自由じゃないの？

 レクチャー

1 | 著作権という財産

> 20XX年
> 　ミッキーマウス、くまのプーさん、サザエさん、ドラえもんの著作権がついに切れる‼

　こんな衝撃的な日がいつかはやってくるはずです。日本では、著作権の保護が著作者の死後70年ですので、著名なキャラクターもいつかは著作権切れで、誰もが自由に使えるものになります。
　実際、日本の文学作品で、夏目漱石、太宰治、江戸川乱歩などの著作権が切れており、インターネット上の青空文庫やアマゾンのKindleで無料で読むことができます。
　これに対して、著作権が保護されている間は、たとえば立て看板やポスターにミッキーマウスやドラえもんを勝手に描くこ

とは、著作権侵害になります。ただし学校では、著作権法35条により、授業の一環であれば、このような複製はできるとされています。

著作権が切れるということは、これらの行為がすべて自由に行えることであり、憲法からすれば、憲法21条の表現の自由（P.52）によって保障されている表現が、著作権法によって制限を受けなくなるということを意味します。反対に著作権法を延長しないと、著作権という財産が守られない事態にもなります。

このように憲法21条の表現の自由と憲法29条の財産権のどちらを優先すべきかという問題があります。

憲法29条1項
　財産権は、これを侵してはならない。
2項
　財産権の内容は、公共の福祉に適合するやうに、法律でこれを定める。

2 瀕死のミッキーマウス？

実は、ミッキーマウスはここ数十年、著作権切れの危機に何度か陥りそうになりました。しかしながら、ディズニー側の働きかけが功を奏してか、アメリカの連邦議会は著作権の保護期間について延長に延長を重ね（アメリカでは現在、著作者の死後70年）、ミッキーマウスを延命させています。

合衆国憲法には世界では珍しく「著作者…に対し、一定期間その著作…に関する独占的権利を保障することにより、学術お

よび技芸の進歩を促進すること」という著作権に関する規定がありますが、議会は「一定期間」という限定があるにもかかわらず、延長しつづけているのです。

このままで行くと、将来的にはミッキーマウスを保護するために著作権保護期間が100年、200年となり、永続的な著作権を作り出すことになるおそれがあります。

ミッキーマウスの著作権をフリーにすべきだと主張する人たちのシンボルマーク
※外ワクと斜線は赤色

3 | 表現の自由と著作権

本来、私たちはゼロから何かを創造することはできず、創造的活動に際して、過去に出されたアイデアなどを必ず参考にし、場合によっては合法的に盗んでいます（本書もそうですと正直に告白しておきます）。

ディズニー自身も、著作権切れのグリム童話の白雪姫、アンデルセン童話の人魚姫をまねていますし……。

それに小学生に人気のアニメ『妖怪ウォッチ』を見ていると、大人でも楽しめるいろいろなネタが出てきます。パロディ、パクリ、いやオマージュといったところで、ギリギリですが、ギリギリだからこそ、面白さ満点です。

たとえばジバニャンの必殺技である「ひゃくれつ肉球」は、アニメ『北斗の拳』に出てくる北斗百裂拳に似ています。アニメのセリフでも、「お前はもう止まっているニャ」って言っています。

2017年の大学入試センター試験の日本史で、「妖怪がロボッ

トになった！　便利機能満載で頼れる存在」と紹介されたロボニャンも、映画『ターミネーター』のまねでしょう。「アイル　ビー　バック!!」って言っちゃってます。

　ですので著作権を永続的にしたり、あまり厳しくすると、面白さ半減で、私たちの表現活動は著しく妨げられるのです。

　もうそろそろミッキーマウスを一企業の独占ではなく、真の意味で「みんなのミッキー」にしても良いのではないでしょうか。学校でも「著作権を守りなさい」だけではなく、著作物の自由利用についても考えてほしいところです。

コピーOK

利用の際は必ず下記サイトを確認下さい。
www.bunka.go.jp/jiyuriyo

文化庁が作成した著作権自由利用のマーク

コラム9　トランプ大統領と憲法

　2017年1月20日、共和党から選出されたドナルド・トランプ氏が第45代アメリカ合衆国大統領に就任しました。

　就任直後から、医療保険制度改革（オバマケア）を見直すための大統領令や、メキシコとの国境に壁を作るように指示する大統領令、中東・北アフリカ7か国出身者及び難民の受け入れを停止する大統領令、TPP（環太平洋パートナーシップ協定）の交渉からの離脱を指示する大統領覚書などに次々と署名しました。……Wowと叫びたくなりますね。

　大統領令と大統領覚書は、大統領が議会の承認を経ることなく、政府に対して出すことのできる命令です。歴代の大統領は自分の政策を実行するために大統領令を活用してきました。オバマ大統領は就任中の8年間に276の大統領令を出しました。もっとも多くの大統領令を出したのは、フランクリン・ルーズベルト大統領（在1933-45）で、その数なんと3,728です。

　ルーズベルト大統領は、悪名高い大統領令を出したことでも知ら

れています。それが第2次世界大戦中の1942年に出された大統領令9066号です。この大統領令ですが、特定の地域を軍事区域として指定し、そこに住んでいる人たちを強制的に立ち退かせることを認めるものでした。

これを根拠としてアメリカに住む日系人たちが、スパイというレッテルを貼られ、自分たちが住む家から立ち退きを命じられるだけでなく、収容所に強制的に収容されたのです。このときに日系アメリカ人の強制収容は違憲だとして、連邦最高裁で争ったのがフレッド・コレマツさんです。

大統領令は絶対的ではありません。合衆国憲法を見ると、三権分立の観点から、抑制・均衡のメカニズムが組み込まれています。たとえば、議会は、間違っていると思う大統領令に反対する法律を作ることができます。また、大統領令を遂行するためには予算が必要ですが、これには議会の承認が必要です。さらに裁判所も、憲法に違反している場合には、大統領令を違憲と判断することができるのです。

今後、トランプ大統領が人権を侵害するような大統領令を出したときに、もしかしたら最高裁判所が立ち上がるかも知れません。

トランプ大統領と憲法。

まさに立憲主義が新たな形で問われるかも知れません。

アメリカ合衆国憲法
National Archives and Records Administration（アメリカ国立公文書館）、〔National Archives Identifier:1667751〕より。

14 | 健康で文化的な最低限度の生活

 高校生

現代社会の授業で「健康で文化的な最低限度の生活」が保障されてるって聞いたけど、「最低限度の生活できてないぞ！」って裁判で訴えると、お金もらえるってこと？

 レクチャー

1 | プログラム規定説?

　憲法25条1項は生存権を保障しています。これは生きる上での最低限度、つまり衣食住だけを保障しているのではありません。「文化的」とあるように、勉強や趣味などもできるぐらいの生活レベルであることに注意が必要です。

> **憲法25条1項**
> 　すべて国民は、健康で文化的な最低限度の生活を営む権利を有する。

　憲法に「健康で文化的な最低限度の生活を営む権利」が書いてある以上、それを下回る人がいたら、憲法25条を使って裁判で訴えたり、市役所に出向いてお金をもらったりすることができると思う人が多いと思います。しかし、これはできないとされています。なぜでしょうか。

できない理由の一つは、「健康で文化的な最低限度の生活を営む権利」があいまいだからです。たとえば携帯電話（スマホ）を持っていることは、「最低限度」に入るでしょうか。確かに携帯を持っていなくても、生活はできるので、入らないかもしれませんが、高校生で携帯を持っていない人はほとんどいないという現状からすれば、入るかもしれません。このようにあいまいだと、もう憲法では決着が付かないので、具体的な話、つまりどこまで権利として保障するかは法律や厚生労働大臣が決めてくれということになります。

　また国の予算には限界があります。究極的に考えれば、日本が破産寸前になった場合、すべての人に最低限度の生活を保障することは不可能でしょう。

　ですので、「健康で文化的な最低限度の生活を営む権利」とは、権利というのは建前で、国はできるだけ頑張ろう！という目標、または努力義務を言っているに過ぎない（プログラム規定説）とも指摘されています。

　プログラム規定説からすれば、もし自分の生活は「最低限度」以下だと思う人がいたとしても、憲法25条を使って裁判で訴えたり、市役所に出向いてお金をもらったりすることはできないことになります。

2 ｜ それでも権利ではある！

　もちろん「最低限度」に足りない分を憲法25条を使って裁判で訴えればもらえるという説（具体的権利説）もあります。しかし先ほども出てきたように、予算はあくまで国会の権限なので、三権分立の中で、裁判所はそんなことはできないなどと批

判されています。

そこで、中間の説として、抽象的権利説が主流となっています。この説は、憲法25条と生活保護法をあわせると、権利と言えるという考えです。

3 | 人間裁判

生存権に関する代表的な裁判例として、「人間裁判」とも呼ばれる朝日訴訟というものがあります。原告の朝日茂さんは、1957年当時、結核を患い国立岡山療養所に入院し、生活保護費を受けながら生活していました。

日用品費の基準額が月額600円でした。当時の600円は、現在の1万円～3万円程度で、生活するには不十分と朝日さんは考えました。栄養のあるものを食べる余裕も、本を買う余裕もありませんでした。

以下は600円の算定基準です。

■被服費（約132円）

肌着	2年に1着
パンツ	1年に1枚

■雑費（約245円）

葉書	1年に24枚
鉛筆	1年に6本

■保険衛生費（約223円）

理髪料	1年に12回
歯磨き粉	1年に6個
歯ブラシ	1年に6本

朝日さんは、「健康で文化的な最低限度の生活」の意味と月額600円が本当に十分かどうかを裁判で争います。

裁判の中で、お金に余裕があれば何が欲しいかと問われて、朝日さんはこう答えます。

「うなぎの蒲焼とバナナが食べてみたい」

「哲学や経済、社会科学の本を買って読みたい」

バナナは今では安い果物の代名詞ですが、当時は高級品でした。朝日訴訟は最高裁まで争われましたが、上告中に朝日さんが亡くなったために幕を閉じました。最高裁は、裁判の終了を言い渡すのとあわせて、生活保護の基準額については厚生大臣（当時）の判断に委ねられていると付け加えました。これはプログラム規定説を取り入れた考えであると理解されています。

生存権に関する裁判として、ほかには堀木訴訟があります。原告の堀木さんは、視覚障がいをおっていて、障害福祉年金を受給していました。堀木さんは、結婚して子どもをもうけますが、後に離婚します。

生活が苦しく、母子世帯として児童福祉手当を申請しますが、併給禁止、すなわち障害福祉年金と児童福祉手当の両方はもらえないとされます。両方もらえるはずだと裁判で主張しますが、最高裁判所は、社会保障制度の仕組みをどのように整備するかは法律をつくる人の判断に任されていると、朝日訴訟で採られている考え方を踏襲しました。

4 | 生活保護水準以下で生活する人たち

生活保護を受けている人たちは高齢者が多いですが、シングルマザーたちは生活保護を受けることができる生活水準であっても、申請しないことがあります。これは、生活保護を受けることが「恥ずかしい」といったイメージがあるからです。このようなイメージは、生活保護制度の欠陥として、今後、改善されなければならないでしょう。

15 | 義務教育って、本当に無料?

 高校生

高校卒業したら、上京して一人暮らししながら、W大学に行きたいな。でも妹も私大の薬学部に行きたいって言うし……。

 レクチャー

1 | 学びと権利

　憲法26条1項では、教育を受ける権利が保障されています。教育が受けられるという受け身の理解ではなく、子どもが自ら学んで、自分自身を成長させるための権利と考えられています。これを、「学習権」と呼びます。

　学習権を保障するために様々な仕組みが用意されています。憲法26条2項では、親の普通教育、つまり義務教育を受けさせる義務に加えて、義務教育の無償が定められています。

> **憲法26条1項**
> 　すべて国民は、法律の定めるところにより、その能力に応じて、ひとしく教育を受ける権利を有する。
> **2項**
> 　すべて国民は、法律の定めるところにより、その保護する子女に普通教育を受けさせる義務を負ふ。義務教育は、これを無償とする。

2 | 義務教育の無償とは

　義務教育はタダということですが、給食費、修学旅行費、制服代、教材費など、いろいろなものにお金を払っていた記憶がある人も多いと思います。憲法に書かれているにもかかわらず、義務教育はタダではないのでしょうか？

　憲法26条2項の義務教育の無償とは授業料だけがタダという意味だとされています。文部科学省や最高裁判所も同様の考えです。

　しかし、授業料だけタダでは、修学旅行に行けない生徒や給食費を払えない生徒が出る可能性があります。そこでこれらの費用も含め、学校で学ぶに当たってかかる費用、つまり修学費をすべてタダにすべきだという主張もあります。

　この考え方は魅力的ですが、国の予算が限られたものである以上、すべてタダというのはなかなか難しいでしょう。またお金を出す分、口を出すのが世の常ですから、修学旅行でも、国推奨の修学旅行みたいなものになったら、ディズニーランドやUSJは修学旅行のコースに組み込めないかもしれません。

　なお教科書もタダになっていますが、これは法律によって無償とされています。

3 | 家庭の負担と修学費補助

　公立の小学校で授業料以外にかかる費用の平均は、年32万円、中学校では年48万円とされています。とくに小学校の場合、文部科学省の2014年度の調査では、修学旅行、図書、学用品費、部活動費などの学校教育費が59,228円、学校給食費

が43,176円、塾代、ピアノの習い事代などの学校外活動費は219,304円となっています。

小学校と中学校ともに公立学校に通った場合、全部でおおよそ330万円ほどかかる計算となります。授業料が無償になっても、各家庭の負担は決して小さくありません。

生活保護を受けている家庭は、修学費について生活保護費から支給されます。またそれに近い状態にある家庭には、地方公共団体が支援する就学援助という仕組みがあります。

たとえば、沖縄市において、生活保護を受給していない経済的に困難を抱えている家庭の学用品費については、小学校の場合11,420円（1年）支給されることとなっています。

4 | 高校や大学の学費

高校については、2010年度から公立高校の授業料無償化が実現し、私立学校に通う生徒にも一部授業料低減の支援が行われるようになりました。しかし2014年度からは、家庭の年収が910万円未満の生徒に限定されるようになっています。

大学について、国立大学では授業料が年54万円ほどで、入学料も含めると、4年間で250万円ほどかかります。私立では学部によって異なりますが、4年間で計算すると、文系で600万円、理系で700万円ほどかかります。医学部は6年間で5000万円ほどかかる大学もあります。これらはあくまで学費であり、一人暮らしで、仕送りをする場合は、家庭の負担はもっと大きいでしょう。

ちなみにドイツの国立大学の授業料（ボン大学）は年3万円ぐらいです。これに対して、アメリカのハーバード大学は年550

万円ぐらいかかったりします。

5 | 大学生の奨学金

近年、給付型の奨学金、つまり返さなくてよい奨学金が充実してきましたが、まだまだ将来自分で返すこととなる貸与型の奨学金を借りる学生が多くいるのが現状です。

貸与型については、日本学生支援機構（JASSO）が中心となって貸与しており、第一種の利息がないタイプの貸与月額は次のようになっています。

> **国公立**
>   自宅通学の場合：月2万円 〜 4万5千円
>   自宅外通学の場合：月2万円 〜 5万1千円
> **私立**
>   自宅通学の場合：月2万円 〜 5万4千円
>   自宅外通学の場合：月2万円 〜 6万4千円

大学生の2人に1人が奨学金を借りていると言われています。貸与型ですので、大学卒業後に毎月返済しなければなりません。たとえば300万円借りたとして、月3万円づつ返して、9年かかることになります。

世界的にみて、日本は大学段階での家庭の負担が重いので、給付型の奨学金や授業料の免除などをもっと充実させる必要があるでしょう。

16 | ブラックバイトに対抗するには？

高校生

最近、コンビニのアルバイト始めたけど、時給、安すぎ。この前は、商品並べてたとき、つぶしちゃったケーキ、買い取れとか言われたし、これじゃ、ボランティアになっちゃうよ。

レクチャー

1 | ブラックバイト？

2013年の流行語トップテンに「ブラック企業」という言葉が選ばれました。ブラック企業とは、違法な状態で働かせたり、無理な仕事を押し付けたりする会社のことです。ブラックバイトという言葉も登場しています。

タイムカードを押す前に朝礼をやらされたり、押した後に掃除などをさせられていないでしょうか。これはサービス残業で、本来は残業代が支払われるべきです。

商品をつぶしちゃったり、〇〇円分売るといったノルマが達成できないということで、商品を買い取らされたりすることはないでしょうか。遅刻したから、1回500円罰金とか？

これらも法律上、認められていませんので、違法であり、もしあったならば、それはブラックバイトです。

2 | 労働基準法

　ブラックバイトに出てくるような理不尽なことは、ほとんど労働基準法に違反しています。労働基準法は、私たちが働く上での最低限の基準を定めており、会社がそれを守らない場合は違法になります。

　たとえば労働時間は1日8時間、1週間で40時間と決まっています。これを超えた残業の場合は、会社は割り増しで賃金を払わなければなりません。

　また給料をもらって仕事を休むことのできる有給休暇についても定めています。「うちの会社には有給休暇はない！」というワンマン社長もいますが、小さな会社でも有給休暇を認めなければなりませんし、パートやアルバイトも有給休暇は取得できます。

3 | 最低賃金

　お手伝いなら、1回500円というのはありますが、働く場合、最低の時給が決められています。それを最低賃金と言い、都道府県ごとにその額が決められています。

■都道府県ごとの最低賃金

東京都	1113円
大阪府	1064円
北海道	960円
福岡県	941円
沖縄県	896円

厚生労働省のホームページより。2023年10月時点。

全国トップは、やはり東京都ですね。全国平均が1004円で、人口の多い都市部は高く、地方に行くほど下がる傾向があります。

4 | 働きやすい職場を！

ブラックだったら、辞めれば良いという考えも一理あります。しかし、若いころは良いですが、皆さんのお父さん、お母さんのような場合はどうでしょう。40歳、50歳となると、転職はかなり難しくなります。それに皆さんを養ったり、大学に進学させたりしなければならないとなると、なかなか会社を辞めることはできません。

やはり今の会社をホワイトな職場にする必要があります。しかし現実にはアルバイトが社員、会社の社長に一対一で意見を言っても、受け入れられることはなかなかありません。そのため、社員がまとまって（団結権）、みんなで社長と交渉する権利（団体交渉権）を憲法は保障しています。まさに労働組合の権利を認めているのです。

> **憲法28条**
> 　勤労者の団結する権利及び団体交渉その他の団体行動をする権利は、これを保障する。

そのほか憲法には「団体行動をする権利」とあります。社長との交渉が決裂して、デモ行進をするという話ではありません。ストライキをするということです。日本では最近、あまり見られなくなりましたが、外国では飛行機やバスなどがストライキ

で止まることがよくあります。

　ストライキというのは、公共の交通を麻痺させるので、悪いことのように思う人もいるかもしれませんが、憲法で権利として保障されている正当な権利の行使です。会社がストライキによって被った損害を、労働者が支払わさせられることもありませんし、警察に捕まることもないのです。

　働いている人であれば、正社員でも、契約社員でも、期限付の社員でも労働組合に入れます。パートやアルバイトの人が入ることもできますし、年齢は関係ありませんので、高校生でもOKです。

5 ｜ 労働組合は不人気?

　労働組合に加入する人は、年々少なくなっています。1950年代には、働く人たちの中で労働組合に加入している人の割合は50％を超えていましたが、ここ最近は20％を割っています。

　これには非正規雇用の増加、つまり正社員でない人が増えてきているのが原因の一つだと言われています。また組合に入ると、組合費を支払わなければなりませんが、これに見合った成果を組合があげているかどうかという問題もあります。

　しかし、イザというときに労働組合に入っていることは重要でしょう。不当な解雇などのときに相談に乗ってくれ、ともに会社と戦ってくれるのは労働組合です。ハリウッドの俳優は、ほとんどの人が労働組合に加入していると言われています。

17 | 持ち物検査

高校生

先週、持ち物検査で化粧品、没収されちゃったんだけど、ひどくない？

レクチャー

1 | 持ち物検査

　持ち物検査をされたことがあるでしょうか。やましいところがなくても、なにか、嫌ですね。
　もし警察が皆さんの持ち物検査をする場合は、令状が必要です。

> **憲法35条1項**
> 　何人（なんぴと）も、その住居、書類及び所持品について、侵入、捜索及び押収を受けることのない権利は、……正当な理由に基いて発せられ、且つ捜索する場所及び押収する物を明示する令状がなければ、侵されない。

　自転車に乗っていて、警察官に防犯登録を確認されたことがあるかもしれませんが、あくまで任意です。嫌なら拒否できます。

2 | 学校への持ち込み

アメリカでは、少年犯罪の増加から、銃やナイフを学校内に持ち込ませないよう、入り口で空港に設置されているような探知機による検査をしている学校もあります。

日本の学校はここまでではありませんが、持ち物検査があり、学校の勉強に関係ないとして、没収されたりしたこともあります。

しかし、持ち物検査については、生徒のプライバシー権と緊張関係にあります。プライバシー権については憲法13条の幸福追求権（P.27）で認められていることから、安易に持ち物検査を実施することはできないはずです。たとえばラブレターを学校に持ち込んだ場合、たとえそれが勉強に必要ないとしても、生徒にプライバシー権がある以上、学校側は勝手にそれを見たり、取り上げたりすることができないのは当然のことでしょう。

3 | 学校の持ち物検査も令状が必要？

憲法35条からすれば、学校は令状なくして、生徒の持ち物検査はできないようにも考えられますが、学校の持ち物検査は刑事裁判に起訴することを目的とするものではありません。とくに公立学校の場合、学校には学内の秩序を維持する権限があり、また生徒の安全を配慮する義務がある以上、許される余地もあると考えられます。

しかしながら、持ち物検査は、プライバシー権を過度に侵害するので、むやみにやるべきではないでしょう。

18 | 逮捕されたら、どうする?

高校生

授業で痴漢冤罪事件のビデオ見たけど、怖いねー。でも俺には関係ないか。田舎で満員電車もないし。

レクチャー

1 | 冤罪事件

　周防正行監督の映画『それでもボクはやってない』で痴漢冤罪事件が有名になりました。現代社会や政治・経済の教科書でも、足利事件など冤罪事件は必ず取り上げられます。

　田舎だったら、そもそも事件なんかないし、冤罪事件に巻き込まれることはないと考える人もいるかもしれません。しかし、選挙買収で13人の人たちが逮捕・起訴された志布志事件は鹿児島県志布志市の懐集落で起こりました。鹿児島市から志布志市まで車で2時間かかり、わずか数世帯しか住んでいないようなところでも冤罪事件は起こるのです。

2 | 逮捕とは

　まず逮捕には、裁判官が出す令状が必要です。ただし、犯行現場ですぐに逮捕する現行犯逮捕は令状がなくても逮捕できます。

> **憲法33条**
> 　何人（なんぴと）も、現行犯として逮捕される場合を除いては、権限を有する司法官憲が発し、且つ理由となつてゐる犯罪を明示する令状によらなければ、逮捕されない。

　逮捕によって拘束できるのは、警察で48時間、検察で24時間で、最大72時間までとされています。その間に、取り調べを受けますが、裁判所へ勾留請求がなければ、釈放しなければなりません。

　勾留は犯罪の嫌疑があり、逃亡のおそれ、証拠隠滅のおそれがあるときのみ、10日間（延長10日）認められます。

逮捕されてからの流れ

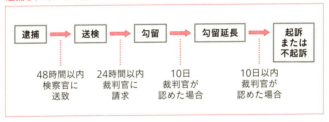

　言うまでもありませんが、逮捕後、デートの約束があるから、バイトがあるから、親が死にそうだからという理由では釈放してはもらえません。

　なお未成年の場合は、少年法が適用されるため、家庭裁判所に送られ、審判に付されます。

3 | 逮捕されたら……

　逮捕された後、取り調べが行われます。取り調べでは、警察官に囲まれ、家族などにも連絡が取れません。犯人と決め付けられ、大声で怒鳴られたりすることもあります。「今、正直に言えば、すぐに釈放される、悪いようにはしないから」といった甘い言葉による罠もあるようです。

　逮捕されたときに備え、まずは以下の三つはぜひ頭に入れておいてほしいところです。

- 話したくなければ話さなくても良い。
- 話したことは裁判で証拠とされる。
- いつでも弁護士を呼ぶことができる。

4 | 話したくなければ話さなくても良い

　警察は黙秘権を伝えなければなりません。もっとも、その後、「正直にしゃべれよ。黙っているってことは、なんかやましいことがあるんじゃないか」と続くので、黙秘権の告知があっても、黙秘を通すことは並大抵のことではありません。

　それでも、「黙秘します」「言いたくありません」という権利が憲法38条によって保障されているのです。

　本来、怒鳴ったりすることは違法な捜査ですから、取り調べに当たった警察官の名前などを憶えておくと良いでしょう。

> **憲法38条1項**
> 何人(なんぴと)も、自己に不利益な供述を強要されない。

　また話したことはすべて証拠として採用されます。ですので、「被害者がこう言っているぞ」と言われても、覚えていなければ、「覚えていません」と答えるべきです。もしかすると、警察官の筋書き通りの調書を作成するためのストーリーで、事実と違っているかもしれませんから。

　なお調書は、あなたの署名押印が必要ですが、もし間違っていたら訂正してもらうべきで、納得できなかったら、署名押印しなくても構いません。

5｜いつでも弁護士を呼ぶことができる

　憲法37条3項に「刑事被告人は、いかなる場合にも、資格を有する弁護人を依頼することができる」とあるので、被告人として起訴されてから弁護士を呼ぶ権利がありそうにも読めますが、弁護士は、逮捕される前（任意で警察署に呼び出された場合など）、逮捕後に関係なく、いつでも呼ぶことができます。

　逮捕された場合には、当番弁護士制度というのがあり、1回は無料で弁護士を呼ぶことができます。逮捕後は原則として外部とは連絡がとれなくなりますが、弁護士だけは接見交通権を持っており、あなたと面会することができるのです。

コラム10　差入屋

　起訴後、保釈が認められなければ、裁判が確定するまで、拘置所に収容されます。東京では、葛飾区の小菅に東京拘置所があります。東京拘置所の面会所には売店、外には差入屋なるお店があります。こちらで注文すると、拘置所内に差し入れてくれるのです。

　差入屋に「ゆで玉子、牛乳、弁当、食料品、新聞雑誌」との看板があるように、意外に様々な物が差し入れられます。コンビニと異なるのは、ヤクザ雑誌の品ぞろえです。また缶詰の品ぞろえも抜群です。ミカン、モモだけでなく、メロン、マンゴー、アスパラガス、タラバガニまでもあります。

　なお拘置所には死刑囚も収容されています。これは死刑囚の罰が死刑で、執行までは単に身体が拘束されるに過ぎないとされているからです。

東京拘置所

コラム11 死刑は合憲か？

　日本には死刑が存在します。これは憲法ではなく、刑法に規定されており、殺人、現住建造物放火、強盗致死などの罪では最高刑が死刑となっています。

　最高裁では死刑は合憲であり、その執行方法である絞首刑も合憲とされています。しかし火あぶり、はりつけ、さらし首、釜ゆでなどによって死刑を執行する場合は、憲法36条の「残虐な刑罰」に当たり、違憲であると最高裁は判断したことがあります。

　2014年の内閣府の世論調査では、死刑制度について、「死刑は廃止すべきである」と答えた者の割合が9.7％で、「死刑もやむを得ない」と答えた者の割合は80.3％となっており、日本ではまだまだ死刑を支持する人が多いです。

　しかしEU加盟28か国では死刑が廃止されるなど、現在、世界140か国ほどが死刑を廃止しています。とくにヨーロッパで死刑廃止が支持されている理由は、死刑が人間の尊厳に反するということです。いかなる罪を犯した人であっても、人間としての尊厳があり、それは侵してはならないということです。

　また日本でも冤罪事件がありましたが、もし死刑が執行された後に誤判だったことが判明したら、取り返しがつかなくなることも死刑廃止の有力な理由に挙げられます。さらに死刑を廃止すると、凶悪犯罪が増えるという話もありますが、このような統計は存在しないと言われています。

　死刑を廃止すると、最高刑は無期懲役になります。仮釈放があるので、これは一生涯、刑務所に閉じ込められるという意味ではありません。ですので、死刑廃止を前提として、「終身刑」を新たに導入すべきという議論もあります。

第2章 統治

1 | 国会議員の仕事は法律をつくるだけか

 高校生

テレビつけたらNHKで国会中継やってた。首相にヤジを飛ばしてた議員がいるんだけど、これも仕事？ 居眠りしていた人もいたなぁ。

 レクチャー

1 | 国会の三つの顔

国会とは一体どんな機関でしょうか。憲法には次のように定められています。

> **憲法41条**
> 　国会は、国権の最高機関であつて、国の唯一の立法機関である。
> **憲法43条1項**
> 　両議院は、全国民を代表する選挙された議員でこれを組織する。

このように、国会には、①国権の最高機関、②国の唯一の立法機関、③全国民の代表機関という三つの顔があります。後ろから順に③→②→①と説明していきましょう。

2 | 全国民の代表機関

　国会は、国民の代表者、つまり選挙で国民に選ばれた人で構成されます。国民の意見（民意）を政治に反映させるために、こういう仕組みがとられているのです。2015年の法改正で選挙権年齢が18歳に引き下げられましたから、皆さんも早ければ高校3年生で選挙に参加できますね。

　国会議員は、「全国民」の代表ですから、自分の選挙区の有権者の利益だけを追求してはいけません。あくまでも全国民のために行動しなければならないのです。ですので、選挙区の有権者から「うちの町まで高速道路を通してくれ」などと頼まれても、それに従う義務はありません。

　ところで、国会議員の年収がいくらかご存知ですか。歳費（月給）が月約130万円、年2回の期末手当（ボーナス）がそれぞれ約300万円ですので、合計2,000万円以上です。サラリーマンの年収は平均400万円ほどと言われていますので、5倍ですね。

　また、これとは別に文書通信交通滞在費という使い道が問われないお金が月に100万円支給され、さらにJRが全線無料で乗れる特殊乗車券なども支給されます。

　こんなにもらえるとなると、すぐにでも国会議員になりたいと思うかもしれませんが、衆議院議員は25歳、参議院議員は30歳になるまで立候補できません。

3 | 国の唯一の立法機関

　国会の一番重要な仕事は、法律をつくること、つまり立法です。国会は「唯一」の立法機関ですから、他の機関が法律をつ

くることは許されませんし、戦前のように天皇の裁可がなければ法律が成立しないという制度を採ることも許されません。

　もっとも、国会が「唯一」の立法機関であるといっても、すべての法律を国会議員が一から考えているわけではありません。国会議員が提案した法律を「議員立法」と呼びますが、それは1年間に成立する法律のごく一部にとどまります。それ以外の法律は誰が提案しているのかというと、すべて内閣（実際には各省庁の官僚）です。

■最近の法律案の提出・成立件数

年度	内閣提出法案		議員立法	
	提出	成立	提出	成立
2016	75	68	198	31
2015	75	66	72	12
2014	112	100	107	29
2013	98	83	126	20
2012	93	60	85	32

※継続審査に付されていた法律案を除く。　　　　　内閣法制局のホームページより。

　このような現状は「官僚主導」と批判されたり、内閣提出法案が今より多かった時代には「1割主権」と揶揄されることもありました。

　もっとも、議員立法も捨てたものではありません。最近でも、いじめ防止対策推進法やリベンジポルノ防止法など、画期的な法律が議員立法で成立しています。

　なお、「立法機関」とされる国会ですが、その仕事は立法だけではありません。そのほかにも、予算の議決、条約の承認、内閣総理大臣の指名、さらには憲法改正の発議など、重要な役割を担っています。試験によく出る国政調査や弾劾裁判も国会

の仕事です。

　国会中継を見ていると、居眠りをしている議員の姿がチラホラと目につきますが、それは普段の仕事が激務だからかもしれません。

4｜国権の最高機関

　国権の最高機関というのは、文字通り「最高」の国家権力を持った機関という意味……ではありません。国会は内閣や裁判所と対等の機関ですので（そうでないと三権分立が成り立ちません）、ここで言う「最高」をそのような意味に解釈することはできないのです。では、この言葉は何を意味するのかというと、国会に対する「お世辞」に過ぎないと考えられています。

　ドラマでこんなシーンを見たことはありませんか。会社仲間で行ったカラオケで、部長がオハコを披露すると、部下がすかさず「よっ部長！　日本一！」と合いの手を入れる。ここで部下が「日本一」と言ったのは、本当に部長が日本一の歌手だと思ったからではなく、ただのお世辞ですね。

　国権の最高機関というのも、これと同じです。国会は全国民の代表機関であり、立法などの重要な仕事をしているので、それを讃えてお世辞を言ったのです。「よっ、国会！　国権の最高機関！」……嘘のような本当の話で、これが憲法学の通説です。

2 │ 総理大臣の選挙って、あった？

 高校生

総理大臣の選挙って、いつ？　えっ、ないの？　国民主権なのに、国の一番偉い人を国民が選べないなんて、絶対おかしい！

1 │ 内閣の仕事

　総理大臣は「内閣総理大臣」という正式名称にも表れているように、「内閣」で一番偉い人です。内閣には、総理大臣のほかに、財務大臣、文部科学大臣などの国務大臣がいます。
　では、内閣は何をやっているのでしょうか。

> **憲法65条**
> 　行政権は、内閣に属する。

　この条文に書いてあるとおり、内閣は「行政権」という権力を担う機関です。行政権というのは、大雑把に言えば、法律に基づいて公共的な事務を行う権力のことです（厳密には、その内容があまりに多種多様であるため、積極的に定義することをあきらめて、「すべての国家権力から立法権と司法権を除いた残りが行政権である」などと言われています）。
　もっとも、この行政権を担う機関、すなわち「行政機関」は、

内閣だけではありません。下の図にあるように、国レベルに限っても非常に多くの行政機関が存在します。さらに地方レベルまで含めれば、地域ごとに県庁、市役所、警察署、消防署などがあり、その数はとても数えきれないくらいです。

日本の主な行政機関

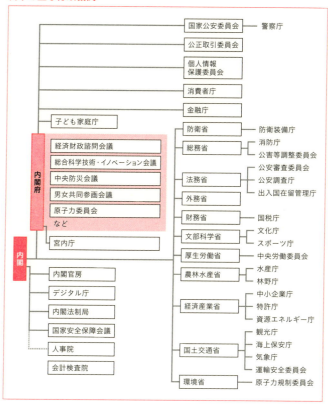

では、なぜ行政権が「内閣に属する」と規定されたのかというと、それは内閣が（唯一ではなく）最高の行政機関であるということを明らかにするためです。内閣は、すべての行政機関の頂点に君臨し、行政各部を指揮監督します。憲法65条は、その点をとらえて、行政権は究極的には内閣に属するものだと定めたのです。

2 ｜ 内閣総理大臣の役割

　このように内閣は行政機関の中で一番偉いのですが、その内閣の中でも一番偉いのが総理大臣です。憲法では内閣の「首長」とされています。内閣を「代表」して、議案（法律案や予算など）を国会に提出したり、行政各部を指揮監督したりするのです。

　また、総理大臣は、他の大臣を選ぶことができますし、任意に大臣を辞めさせることもできます。「任意に」ということですから、辞めさせる理由は何でも構いません。極端な話、「なんか気に食わない」という程度の理由でもOKです（その大臣にとっては全然OKじゃないでしょうけど）。

　明治憲法の下でも総理大臣という役職はありましたが、その地位は内閣の「首長」ではなく、「同輩中の首席」にとどまっていました。会社で言えば、「首長」は「社長」ですが、「同輩中の首席」は「各部署の部長の中で一番の実力者」という程度の役職に過ぎません。当時の総理大臣は、他の大臣と対等の関係にあり、大臣の任免権も認められていませんでした。

　その結果、明治憲法の下では、総理大臣が内閣をまとめることが困難でした。総理大臣が軍部の暴走を止められず、日本が大戦へと向かってしまったのも、このことと無関係ではありま

せん。こうした歴史への反省から、日本国憲法は、内閣総理大臣に「首長」という地位を与え、内閣の一体性を確保しようとしたのです。

3 | 内閣総理大臣の選び方

アメリカでは行政のトップである大統領が選挙で選ばれていますが、日本には「内閣総理大臣選挙」という制度はありません。では、どのようにして総理大臣を選ぶのでしょうか。憲法には次のように定められています。

> **憲法67条1項**
> 　内閣総理大臣は、国会議員の中から国会の議決で、これを指名する。……

この条文には、ポイントが二つあります。一つは、総理大臣になれるのは国会議員だけだということ、もう一つは、誰を総理大臣にするかは国会が決めるということです（通常は衆議院第一党の党首が総理大臣に選ばれます）。

なぜこうしたルールが定められたのかというと、それは行政が国民の意思に基づいて行われるようにするためです。内閣はすべての行政機関の頂点に立つ存在であり、その内閣のトップが総理大臣ですから、総理大臣の判断は行政全体に大きな影響をもたらします。そこで、行政に国民の意思が反映されるよう、国民の代表である国会議員の中から、それも国会自身の議決によって、総理大臣を選ぶことにしたのです。

もっとも、国民の意思の反映ということであれば、国民が選

挙で直接総理大臣を選ぶのが一番ですよね。そのため、憲法67条を改正して、総理大臣を選挙で選ぶ「首相公選制」を実現すべきだという意見もあります。

ただ、この首相公選制は、総理大臣が衆議院第一党以外から選出された場合、国会と内閣で意見が対立し、「決められない政治」に陥るおそれがあるといったデメリットもあるため、まだ多数の支持は集めていないというのが現状のようです。

コラム12 田中角栄と憲法

田中角栄(たなかかくえい)を描いた石原慎太郎(いしはらしんたろう)『天才』(幻冬舎)がベストセラーになるなど、田中角栄は今でも大人気です。

しかし、田中内閣は1972年から1974年まで(在職期間は886日)で、歴代内閣総理大臣の在任期間ランキングベスト10にも入りません。

なぜこれほど人気なのでしょうか。

小学校しか出ていないのに、総理大臣になったからでしょうか。義理、人情の人だったという話もあります。それとも、今の時代の閉塞感が、田中のような、ずば抜けた構想力・実行力ある政治家を求めているのでしょうか。「コンピュータ付きブルドーザー」を。

今では、日本全土に新幹線、高速道路が走っていますが、これはもともと田中が唱えた日本列島改造論がきっかけとなっているのです。

もっとも憲法の世界では、ロッキード事件の中心人物として、悪名高い田中です。この事件は当時、内閣総理大臣だった田中が全日空にアメリカのロッキード社の飛行機を購入するように、運輸大臣(当時)に働きかけ、見返りに5億円の賄賂(わいろ)をもらったというものです。1審・2審とも田中は有罪となりましたが、最高裁に上告中の1993年に死亡したため、審理は打ち切りとなりました。ただし関係する別の被告人に対する判決の中で、最高裁は「内閣総理大臣は、少なくとも、内閣の明示の意思に反しない限り、行政各部に対し、随時、その所掌事務について一定の方向で処理するよう指導、助言等の指示を与える権限を有する」とする判決を下しました。この判決は内

閣総理大臣の指揮監督権に関する重要な先例となっています。
　ロッキード事件で田中を逮捕・起訴した際の法務大臣が稲葉修です。稲葉は衆議院議員ですが、中央大学法学部の憲法の教授でもありました。1949年に衆議院議員に初当選し、大学教授を兼任していたのです（ロッキード事件前にはすでに退職）。1951年にはボン大学客員教授、1962年に『西ドイツ基本法制定史の考察』で法学博士号を取得しています。
　田中の逮捕直前は、地元村上市にある三面川でアユ釣りをして、東京から駆け付けた多くの新聞記者に田中逮捕を気が付かれないようにしたというエピソードも残っています。
　田中、稲葉、そして本書でも登場する「宴のあと」事件の原告・有田八郎、そして編著者の私も新潟県出身です。
　田中が日本列島改造を唱え、新潟には1982年に上越新幹線開業、1985年に関越自動車道の全線開通が実現しました。ちょうど私が小学生のころでしたので、「裏日本」と言われた新潟の発展を成長とともに感じたのは事実です。
　私が生まれるまで、父親は冬場、出稼ぎでしたし、母親の乗り物がカブ（原付バイク）から軽トラ、そして軽自動車に変わりました。
　『サザエさん』によく出てくるデパートは、幼いころ、ダイエーのことだと思っていましたが、新潟市に伊勢丹が来て、本物のデパートを知りました。
　生活を少しでも豊かにしたい、東京のものを新潟にもという県民の願いを実現した田中は、新潟県民にとって、いや日本全体にとって、ある意味、実質的平等の実現を本気で目指した政治家だったのでしょう。憲法判例や憲法の本に書かれていないところに、田中角栄の神髄があるのかもしれません。

3 | 裁判所に行くってヤバいよね

高校生

裁判所って、逮捕されたり、離婚したときに行くところだよね。裁判所にはお世話になりたくないな。

レクチャー

1 | 裁判所とは

　生活している上で、もめごとは避けられませんが、裁判所に行くまでには至らないことが多いでしょう。

　たとえば交差点で自動車と接触したような場合を考えてみましょう。普通は車の運転手が警察に110番通報し、警察が現場に到着後、被害者と加害者双方の話を聞いたりして、どちらがどのくらいの不注意があったのかを判断します。

　その後、民事上の責任として、被害者のケガの賠償交渉などは車の保険会社が対応してくれることが普通で、交渉がこじれて裁判になるというケースは珍しいです。

　また行政処分として、運転手が一方的に悪い場合、免許停止になることもあります。もちろん自分には不注意な点がないと争うこともできますが、免許停止について裁判で争うということもあまりありません。

　このように、裁判になる場合はもめたケースなのです。裁判所はまさに紛争を解決する機関と言えるでしょう。

2 | 裁判所で争える？

裁判所では何でも争えるわけではありません。たとえばSTAP細胞があるのかないのかについては、科学の世界の議論に任せるべきであり、裁判所で判断できることではありません。

また高校の成績について、5段階評価の4を付けられて納得できないとしても、それは裁判所では争えません。成績評価はあくまで先生の専門的判断ということで、裁判所はそれを尊重しなければならないのです。

もっとも進級や卒業するための条件がそろったのに、先生に反抗的な態度だったから進級・卒業させないといった場合には、裁判で争えるとされています。

さらに衆議院の解散など高度に政治的な事柄については争えないとされています（統治行為論）。

3 | 三審制

日本は三審制を採用しています。地方裁判所、高等裁判所、最高裁判所の3段階で、地方裁判所の判決に不服があれば高等裁判所へ控訴でき、高等裁判所の判決に不服があれば、最高裁に上告できます。

地方裁判所は全国50箇所にあり、47都道府県のほか、北海道には札幌以外に、函館、旭川、釧路にあります。高等裁判所は札幌、仙台、東京、名古屋、大阪、広島、高松、福岡にあり、最高裁判所は東京都千代田区にあります。

このほか知的財産権に関する事件を専門に扱う知的財産高等裁判所が東京にあります。

なお三審制ですが、これは裁判所法によって定められているもので、憲法には三審制とは書いていません。

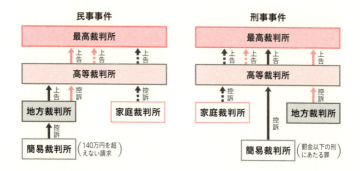

4 | 裁判員制度

2009年から裁判員制度がスタートしました。地方裁判所における刑事事件で行われているもので、裁判官3人と裁判員6人が合議して判決を下します。

もっともすべての刑事事件ではなく、殺人、強盗致傷、現住建造物放火、傷害致死、危険運転致死罪などの重大事件のみとされています。

裁判員になれるのは、18歳以上の有権者です。裁判員も裁判において、裁判官と一緒に被告人に質問して事実関係を認定したり、無期懲役にするか、死刑にするかなど量刑も判断できます。

なお最高裁では裁判員制度が違憲かどうか争われたことがありますが、合憲という判決が下されています。しかし、死刑判決を下したり、遺体の証拠写真を見てPTSD（心的外傷後ストレス障害）を発症するなど、裁判員の負担が大きいことが問題となっ

ています。

5 | 違憲審査制

簡易裁判所、家庭裁判所、地方裁判所など、どの裁判所でも違憲審査ができます。一番最後の裁判所が最高裁ということもあり、最高裁は「憲法の番人」と呼ばれています。

ただし違憲審査権はいつも行使できるわけではありません。あくまで具体的な事件、つまり誰かの権利を侵害している事件でないとダメです。

たとえば2016年に成立した安保法制について、誰の権利もまだ侵害していない状態では、違憲と判断することはできないのです。

これに対して、ドイツでは憲法を専門に判断する憲法裁判所が、民事・刑事の裁判所とは別に設置されています。ここでは日本の安保法制のような問題について、野党が違憲だと訴え、判断してもらうこともできるのです。

ドイツ連邦憲法裁判所

6 | 最高裁判所の裁判官になるには

最高裁判所には、長官1名と14名の裁判官がいます。どうしたら、この15名に入ることができるのでしょうか。

もっとも多いのが裁判官出身者です。次に弁護士、検察官、行政官（内閣法制局や外務省など）、大学の法学部の教授出身者が最高裁裁判官となっています。ですので、裁判官になることが、最高裁裁判官への近道です。

　では、どうやったら、裁判官になれるのか。普通のコースは、大学の法学部を卒業して、2〜3年間の法科大学院に進学し、司法試験に合格することです。その後、1年間の司法修習を経て、成績が良いと裁判官になれます（2016年12月に司法修習を終えた修習生1762名のうち裁判所の判事補採用は78名でした）。

　最近は司法試験予備試験という制度があり、これに合格すれば法科大学院に進学しなくても、司法試験を受験できるようになっています。司法試験の合格率がもっとも高いのは、東京大学の法科大学院でも、早稲田大学のそれでもなく、予備試験合格者という結果となっています。法科大学院の授業料が国立大学でも1年間80万円ほどかかることを考えると、予備試験合格がもっとも安く、裁判官になれる近道です。

　ちなみに司法試験では、憲法、民法、刑法のほかに、商法、民事訴訟法、刑事訴訟法、行政法が必修で、選択科目として労働法、環境法などから一つ選択します。

最高裁判所

コラム13　裁判傍聴に行ってみよう！

　裁判所の事件には民事事件、刑事事件があり、行政事件は民事事件に含まれます。テレビでは、多くの刑事ドラマがあるので、殺人や窃盗などに関する刑事事件が多い印象があるかもしれません。
　しかし事件数を見れば、民事事件が圧倒的だとわかります。2015年1年間に地方裁判所で新しく受理された件数は以下の通りです。

■全地方裁判所新規受理数

民事事件	572,411
行政事件	5,113
刑事事件	275,547

2015年度司法統計年報より。

　裁判のイメージは本だけではよくつかめないでしょう。百聞は一見に如かずです。高校生でも裁判傍聴ができますので、ぜひ一度、裁判所に足を運んでみてください。
　裁判所に行くと、入り口の受付に、その日の裁判の一覧表があります。それを見ると、どんな裁判で、どの法廷で、何時から審理が始まるのかわかります。おススメは朝10時に開廷する刑事事件を傍聴することです。刑事事件は裁判の全体の流れがよくわかるからです。
　事前の申し込みも、学生証も必要ありませんし、服装も自由です。ただし平日しか開廷していませんので、ご注意を。

4 | 東京都もドルを導入できるのか？

 高校生

オリンピックに向けて東京を国際都市にするってよく聞くから、東京都だけ円をやめてドルを導入したら手っ取り早いんじゃない？

 レクチャー

1 | 地方自治とは

　地方自治体（地方公共団体）は、独自に決定をできる権限、つまり自治権を持っています。これには、条例を制定したり、住民のために必要な事務を行ったりする権限が含まれています。また憲法では、地方自治体が住民の直接民主主義によって運営されることが前提とされています。

> **憲法92条**
> 　地方公共団体の組織及び運営に関する事項は、地方自治の本旨に基いて、法律でこれを定める。
> **憲法93条1項**
> 　地方公共団体には、法律に定めるところにより、その議事機関として議会を設置する。
> **2項**
> 　地方公共団体の長、その議会の議員及び法律の定めるそ

> の他の吏員は、その地方公共団体の住民が、直接これを選挙する。

　明治憲法では、地方自治に関する規定はありませんでした。また県知事なども政府によって任命され、今のように住民が直接選挙で選ぶということは行われていませんでした。

2｜「円」を発行できるのは？

　日本の通貨である円を誰が発行できるかについて、憲法には書いてありません。しかし、憲法になかったとしても、東京都は通貨を発行できません。国ではないからです。

　アメリカのような連邦制をとる国の場合、州自体がもともと国のようなもので、連邦の軍とは異なる州兵組織があったりするので、州が通貨発行権を持っている可能性もあります。

　ちなみにドイツの憲法では、連邦に何ができて、州に何ができるかが細かく規定されています。たとえば教育は州の権限とされており、州ごとに異なることがあります。日本のセンター試験のようなものとして、アビトゥーアがありますが、州によって実施する時期が異なったりします。

　日本のセンター試験が北海道と沖縄で違う日に開催されるというのは考えられないですね。もっともセンター試験が同じ日の同じ時間にできるのは、日本に時差がないからとよく言われています。

　以上のように、連邦制をとる国では、州はそれ自体がほぼ国と同じで、原則として権限があります。そうした国の集まりと

して、連邦国家ができ、州の合意によって、もともと州が持っていた権限の一部を、連邦が譲り受けるという仕組みになっていることが多いのです。

■権限を譲る仕組み

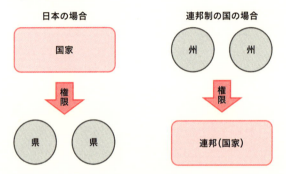

3 | 地方自治の拡大と道州制

戦前まで日本の地方自治は十分なものではありませんでしたが、日本国憲法に地方自治についての条文が書き込まれた後も、地方自治体の権限は大きくなく、「三割自治」と言われることもありました。

しかし、地方自治体に、より大きな権限を移していく政治改革が進められてきています。まさに地方分権時代の到来です。

2000年には、地方分権を一層推し進めるための地方分権一括法が施行され、国の代わりに行う事務（機関委任事務）が廃止されるなど、国と地方自治体の関係にも変化が現れてきました。

また地方自治体が自由に使える資金を国から移す「三位一体

の改革」も推し進められ、2005年には3兆円もの財源が地方自治体へと移されました。3兆円と言えば、2020年の東京オリンピックで予定されている経費ぐらいですので、かなりの規模です。

　最近では、県を廃止して、もっと規模の大きい州にしてしまう、「道州制」の導入も議論されています。これは、今以上に財源を地方に移し、その上で地方自治体の権限を増やそうとするものです。

　しかし、この場合の「州」は、アメリカ合衆国の州などとは違った「州」であることには、注意が必要です。アメリカ合衆国などのように、国とほぼ同じ州になるのではなく、あくまで、国の下に、今の県よりも規模の大きな「州」が置かれるにすぎません。

　したがって、道州制が実現して、仮に「関東州」ができたとしても、やはり通貨を発行できる権限はなく、ドルを導入するのも難しいかもしれません。もっとも東京都の予算は、スウェーデンの国家予算と同じぐらいということもあり、国になる実力はあると考えられます。

東京都庁

5 | 消費税アップは憲法違反ではないのか？

高校生

消費税が上がるみたいだけど、これからどんどん上がっていっちゃったらもう買い物できないよね！　これ憲法違反？

レクチャー

1 | 税金は歴史を動かす

　税を徴収するには、議会を通さなければなりません。これは租税法律主義と言いますが、憲法の84条に規定されています。

> **憲法84条**
> 　あらたに租税を課し、又は現行の租税を変更するには、法律又は法律の定める条件によることを必要とする。

　興味深いことに、今ではどこの国にでもある議会は、まさに課税、つまり税金問題がきっかけで誕生したのです。中世のヨーロッパでは、戦争の規模が拡大し、その費用をまかなうために、国王はそれまで以上に税金を課す必要に迫られました。配下の領主と民衆にその同意を得るために生まれたのが、議会のルーツとなる、フランスの三部会です。

時代が下ると、国王の権力も増大し、議会との対立は激しさを増してきました。税を課することや、財政の立て直し問題がきっかけとなって革命も起きます。それが、イギリスの名誉革命やフランス革命なのです。

2 | もっと高い消費税率は違憲?!

　消費税は1989年4月から導入されました。高校生の皆さんは、消費税が5％と8％の時代しか知らないでしょう。下の図にあるように最初は3％だったのです。

■消費税の税率の推移

1989年	3％
1997年	5％
2014年	8％
2019年	10％

　さて、消費税を10％に引き上げたことについて、これを憲法違反と主張できるでしょうか。

　消費税率500％などのような、異常に高い消費税率であったり、特定の人たちだけを狙い撃ちにした税（たとえば、35歳以上の独身の人には税を課すなど）であったりすれば、違憲だと主張できるかもしれませんが、そこまで至らない税率で、国会がそれを承認すれば、やはり違憲とは言えません。

　ところで、他の国ではどうかというと、食料品の除外などはありますが、日本よりずっと税率は高いです。日本は消費税率の低い国にグループ分けされます。

■主要国の消費税率ランキング

1位	ハンガリー	27%
2位	クロアチア	25%
	スウェーデン	
	デンマーク	
	ノルウェー	

■主要国の消費税率の動向

ニューヨーク※	8.875%
フランス	20%
ドイツ	19%
中国	17%
韓国	10%

※アメリカは都市によって異なるため、ニューヨークを代表例とした。2016年1月時点。

　皆さんが大人になるくらいには、消費税を15%にするという提案があるかもしれません。しかし、繰り返しておきますが、国民の同意がなければ税金は上げられないのです。

3 | 国の財布

　次は集めた税金をどう使うのかの話です。いわゆる予算です。
　政策を進める政府（内閣）は、どういったことに、どれだけのお金を使いたいのかを、前の年度のうちに国会（1月に招集される通常国会）に伝え、同意を得る必要があります。

> **憲法86条**
> 　内閣は、毎会計年度の予算を作成し、国会に提出して、その審議を受け議決を経なければならない。

　その上、「本当にお金を、予定通りしっかりと使ったのか？」ということも問題になります。議会は、予算に従ったその年の会計について、行政府から報告を受け、チェックをすることになります。これを決算と言います。

さらに内閣から独立した会計検査院が適切にお金が使われたのかをチェックします。

> **憲法90条1項**
> 国の収入支出の決算は、すべて毎年会計検査院がこれを検査し、内閣は、次の年度に、その検査報告とともに、これを国会に提出しなければならない。

4｜借金まみれ？

財務省によれば、2016年6月末時点で、国の借金は1,053兆円、国民1人当たり約830万円とされています。

現在、日本では税金などの収入より支出が上回る財政赤字の状態が発生しており、赤字国債という借金を重ねています。このような中、「支出と収入が釣り合うようにしなければならない」といった財政均衡条項を憲法に盛り込むべきだという主張もあります。しかし、このような規定を導入すると、ますます増税の根拠になるという批判もあるところです。

6 | 9条と沖縄

高校生

今日6月23日は大切な日だ。沖縄は授業休みなんだけど、東京は？

レクチャー

1 | 憲法9条

日本国憲法には、第2次世界大戦の反省から、憲法9条が定められています。

> **憲法9条1項**
> 　日本国民は、正義と秩序を基調とする国際平和を誠実に希求し、国権の発動たる戦争と、武力による威嚇又は武力の行使は、国際紛争を解決する手段としては、永久にこれを放棄する。
> **2項**
> 　前項の目的を達するため、陸海空軍その他の戦力は、これを保持しない。国の交戦権は、これを認めない。

憲法9条1項では、あらゆる戦争、つまり侵略戦争も自衛のための戦争も放棄しているように読めますが、あくまで自衛戦争は放棄していないと考えられています。

しかし、2項により一切の戦力の保持が禁止され、国として

戦争を行う交戦権も否定されていると考えるので、結局、あらゆる戦争は放棄されているとされます。

少し回りくどいですが、これが政府、そして憲法学者の多くが支持している解釈です。

文部省『あたらしい憲法の話』より。

2 | 自衛隊は合憲か

政府はどのようにして自衛隊を合憲と説明しているでしょうか。ここでは2項の「戦力」が問題になります。自衛隊が戦力であれば、自衛隊は違憲になります。軍事費のランキングで、自衛隊が世界で10位以内に入っていることを考えると、違憲とも言えそうです。

しかし、日本政府は、自衛隊は「自衛のための最小限度の実力」で、戦力ではないとしています。

軍隊	戦　力
自衛隊	自衛のための最小限度の実力
警察・海上保安庁	警察力

憲法学では、自衛隊は戦力であり、違憲であると考えるのが有力です。もっとも日本が攻められたら、どうするかという問題がありますが、あくまで外交交渉によって未然に戦争を回避

するべきであり、それでも攻めてきた場合には、警察力によって排除すべきであるとしています。

3 | 自衛隊は日本の防衛だけではない？

　自衛隊は、自衛、つまり日本を守るためのものですが、1992年の「PKO（国連平和維持活動）協力法」により、海外へも出かけています。南スーダンへの自衛隊派遣もPKOです。
　もちろん武力行使は禁止されていますので、戦争に出かけているわけではありません。紛争当事者の間で停戦の合意が成立していることなどを前提に、PKOへの協力などを行っています。
　また2001年には「テロ対策特別措置法」により、自衛隊が後方支援としてインド洋に、2003年には「イラク特別措置法」により、自衛隊がイラクに派遣されました。このように自衛隊の活動は本来の「自衛」を超えて広がっていると考えられます。

4 | 安保法制

　自衛隊の活動をさらに拡大することになったのが、いわゆる「安保法制」です。従来、自衛権は日本を守る「個別的自衛権」と考えられていました。
　しかし、2014年7月1日の閣議決定によって、「集団的自衛権」の行使が限定的に認められるようになりました。

> 　我が国と密接な関係にある他国に対する武力攻撃が発生し、これにより我が国の存立が脅かされ、国民の生命、自

> 由及び幸福追求の権利が根底から覆される明白な危険がある場合において、これを排除し、我が国の存立を全うし、国民を守るために他に適切な手段がない時に、必要最小限度の実力を行使することは、…自衛の措置として、憲法上許容される。

　たとえばアメリカ軍が攻撃されていた場合、日本はアメリカ軍を守ることができるようになったのです。
　この閣議決定に基づき、2015年に安保法制が制定されましたが、国民、そして憲法学者の多くも反対しています。裁判でもその違憲性について争われており、最高裁がどのような判断を下すか注目されます。

5 ｜ 沖縄と基地

　沖縄は、第2次世界大戦中、日本国内で地上戦が行われた唯一の土地です。沖縄県出身者の約12万人（そのうち一般住民は9万4,000人）が命を奪われました。沖縄は本土の盾となったのです。
　戦後は、アメリカと日本の防衛上重要な地域として、米軍基地や自衛隊の基地などが多く置かれている状況です。沖縄県は日本全体のうちの0.6％の土地しかありませんが、日本にある米軍基地の70％が存在しています。沖縄県内の土地の10％が米軍基地に使用されており、沖縄本島にかぎって言えば20％近くの土地が基地となっています。
　基地があることは様々な問題を生じさせます。騒音や安全性の問題、あるいは米軍関係者とのトラブルなど、ニュースで取

■沖縄本島の米軍基地

沖縄県のホームページより。

り上げられるので、皆さんもご存知でしょう。

　2016年に問題となったのは、普天間から辺野古への基地の移設です。住宅の多い本島南部の普天間（沖縄国際大学は普天間基地の隣です）から、人口の少ない北部辺野古へ海兵隊の施設を移設しようという話です。この問題は沖縄県と国との裁判にまで発展しました。

6　命どぅ宝

　私の故郷は、広島県です。広島県には特別な日時があります。8月6日8時15分です。長崎県にもあります。8月9日の午前11時2分です。この日時に、広島・長崎には核兵器が使用されました。毎年、その時間になると、みな黙禱(もくとう)を捧げます。

　沖縄では6月23日の慰霊の日がこれに当たります。1945年6月23日に沖縄戦が終わりました。

　唯一の被爆国日本であり、唯一の地上戦沖縄なのです。

　9条は、このような戦争の悲惨な経験をもとに日本国憲法に刻まれたと言えるでしょう。

　ところで、沖縄には、「命どぅ宝」という言葉があります。「いのちどぅたから」ではなく、「ぬちどぅたから」と読みます。「命こそ一番大切だ」という意味です。

　沖縄の人たちが、沖縄戦での多くの犠牲を払った後に獲得した言葉と言えます。

　「命どぅ宝」はまさに日本国憲法のもっとも重要な価値ではないでしょうか。

コラム14　沖縄国際大学ヘリ墜落事件

　2004年8月13日午後2時15分ごろ、普天間基地所属の米軍の大型ヘリが、訓練中コントロールを失い、沖縄国際大学本館に激突し、墜落・炎上するという事件が起こりました。乗組員3名が負傷しましたが、このとき大学の構内にいた714名の学生・教職員等は怪我などの被害はありませんでした。

　死傷者が出なかったことは不幸中の幸いですが、大学の本館は、

損傷が激しく、建て替えることになりました。

　事故の直後、墜落現場は沖縄県警ではなく、米軍によって封鎖されます。大学関係者も立ち入り禁止となりました。大学の敷地内、そして日本国内にもかかわらずです。

　これは日本政府が米軍の財産（墜落ヘリ）に関する捜査、差し押さえなどの権利を、「日米地位協定」などに基づき、放棄しているからです。

　確かに米軍基地内については、日本の警察が勝手に捜査できないことは理解できるとしても、今回のように基地外での墜落事件までも、警察の捜査や大学の調査ができないというのは大きな問題ではないでしょうか。

コラム15　憲法9条にノーベル平和賞を

　2014年のノーベル平和賞の予想で、「日本国憲法9条を保持してきた日本国民」が有力候補とされました。翌年の2015年には、「九条の会」が有力候補となりました。

　受賞には至りませんでしたが、集団的自衛権の議論の中、大きな反響を呼びました。

　「九条の会」とは、ノーベル文学賞受賞者である作家の大江健三郎さんなどが呼びかけ人となり、憲法9条が変えられないようにしようと設立された団体です。

　講演会、勉強会あるいは交流会を開き、憲法9条の重要さを多くの人と共有しようとしています。「九条の会・おおさか」「9条の会・医療者の会」などのように地域や職業ごとに様々な会が多数あります。

7 | 天皇ってどんな人なの？

高校生

天皇って、私のような女の子もなれる？

レクチャー

1 | 昔は神だった!?

　天皇は戦前、神でした。天皇の祖先である瓊瓊杵尊が、天照大神の神勅によって、葦原千五百秋之瑞穂國、つまり日本を統治して良いとされ、天皇の家系がそれを永久に継承すべきとされていました。まさに「大日本帝国ハ万世一系ノ天皇之ヲ統治ス」（明治憲法1条）なのです。

　そして天皇は「神聖ニシテ侵スヘカラス」（明治憲法3条）とされ、天皇は国の元首にして統治権を総攬するものとされていました。つまり、旧憲法における天皇は、立法・司法・行政の三権を握る神聖な主権者としての地位が与えられていたのです。

2 |「象徴」としての天皇

　第二次世界大戦後、天皇は統治権の総攬者ではなく、単なる「象徴」となりました。

> **憲法1条**
> 　天皇は、日本国の象徴であり日本国民統合の象徴であつて、この地位は、主権の存する日本国民の総意に基く。

「象徴」とは目に見えない事を、目に見える形あるものとして表すことを意味します。たとえば、私たちは「愛」という感情それ自体を目で見ることはできません。しかし、ハートマークがあると、私たちはそこに愛という感情が存在していることを感じることができます。

天皇はまさに日本国と日本国民統合の象徴なのです。

文部省『あたらしい憲法の話』より。

3 | 天皇になれるのは？

先のような神話に基づいているわけではありませんが、天皇には、皇室典範に基づいて、天皇家の世襲で、男系の男子しかなれません。

過去には女性天皇が議論されたこともあり、皇室典範を改正すれば、女子にも認められますが、今は男子だけです。男子だけに限るということは憲法の男女平等に反するとの主張もありますが、天皇問題は憲法で認められた人権の例外とも考えられています。

4 | 天皇の仕事は国事行為のみ

　天皇は、「象徴」であり、政治的な権力を行使してはいけません。とくに日本国憲法は、天皇の仕事を国事行為に限定しています。テストによく出題される憲法6条の内閣総理大臣や最高裁判所長官の任命のほか、憲法7条では憲法改正や法律を公布すること、国会を召集すること、衆議院を解散することを定めています。

　たとえば衆議院の解散は、衆議院の解散の詔書として、「日本国憲法第7条により衆議院を解散する。」という原案に天皇の名前を筆で書くだけです。

　通常、その後に「天皇御璽」と彫ってあるハンコが同時に押されます。ちなみに、現在の御璽は大きさが9.09cm四方の金印で、重量は約3.55kgだそうです。「漢委奴国王」の金印が109gですので、かなり重いですね。

　このように国事行為はすでに別のところで決定されたことを天皇が確認するだけの行為であり、政治的な判断の要素がありません。確かに内閣総理大臣の「任命」というと、何か重要なことを決めていそうですが、内閣総理大臣は衆議院総選挙後の臨時国会で指名されるわけですから、天皇は「任命」といっても国会の指名とは別の人を「任命」することはできないのです。

5 | 天皇の仕事はほかにもある？

　1月2日にTVを見ていると、箱根駅伝だけでなく、皇居の一般参賀が大きなニュースとして毎年、扱われています。皆さんは天皇の仕事として当然のことと思っているかもしれませんが、

一般参賀は憲法に定めている国事行為ではありません。地震の被災地へお見舞いに訪れたり、戦没者慰霊のためにパラオなどの外国を訪問したりすることも、国事行為ではないのです。

ですので、本来、やってはならない行為とも言えますが、憲法学では象徴としての公的行為と解釈され、違憲ではないとされています。

6 | 天皇の生前退位とこれからの天皇制

2016年8月、82歳となった今上天皇(きんじょう)(当時)は「次第に進む身体の衰えを考慮する時、これまでのように、全身全霊をもって象徴の務めを果たしていくことが、難しくなるのではないかと案じています」とする「お気持ち」を表明しました。

その後、今上天皇にのみ適用される生前退位に関する法律が定められ、今上天皇は2019年4月30日に退位しました。現在、今上天皇は上皇となっています。

生前退位を認めるのか、そしてどのような場合に退位できるのかを含め、今後の天皇制のあり方については、国民がしっかりと議論すべきでしょう。

8 │ 憲法のアップデートはどこまでできる？

高校生

今の政治家に政治を任せてもダメだし、いっそのこと、天皇に主権戻しても一緒じゃない？ そもそもこれってできるのかなぁ。

レクチャー

1 │ 憲法のアップデート

　同じものを使い続けようとすると、アップデートする必要性が出てくる場合があります。スマホを使っていても、不具合を修正するためのアップデートなんてしょっちゅうありますよね。

　法律の場合も同じです。社会状況の変化や新たな社会問題の発生を受けて改正することがあります。たとえば、高齢化社会の進展に伴って、高齢ドライバーの事故が増えましたが、それを受けて、道路交通法が改正され、70歳以上のドライバーについては免許更新時に「高齢者講習」の受講が義務づけられました。75歳以上のドライバーだと、場合によっては認知症専門医の診断を受けなければならなくなりました。

　憲法の場合もアップデートがあり、96条1項で手続きが定められています。より具体的な内容は国民投票法が定めています（憲法改正の流れについては本書の姉妹版『高校生のための選挙入門』もあわせてご覧ください）。

憲法96条1項
　この憲法の改正は、各議院の総議員の3分の2以上の賛成で、国会が、これを発議し、国民に提案してその承認を経なければならない。この承認には、特別の国民投票又は国会の定める選挙の際行はれる投票において、その過半数の賛成を必要とする。

2 | 憲法をアップデートするためのステップ1

アップデートにはまず国会での議論が必要です。

改正の原案は1条ごとではなく、内容ごととされています。たとえば平和主義、環境権などのまとまりになると予想されます。

原案自体は、衆議院では100人以上、参議院では50人以上の議員の賛成がなければそもそも提案できません。

普通の法律の場合は、衆議院においては議員20人以上、参議院においては議員10人以上の賛成がなければ提案できないことになっていること（予算を伴う法律は、衆議院においては議員50人以上、参議院においては議員20人以上の賛成）から比べると、厳しい条件です。

原案について、衆議院・参議院においてそれぞれの憲法審査会で審査された後に、本会議に付されます。本会議で各議院の総議員の3分の2以上の賛成により発議されます。

ここで大切なのは、憲法改正の発議のためには法律を改正するときよりも厳しいハードルが設定されていることです。法律の場合は、出席議員の過半数の賛成があれば良いのですが、憲法改正では総議員の3分の2以上の賛成が必要とされています。

ここで言う総議員というのは、各議院の定数（衆議院では475、参議院では242）であり、衆議院では317名以上、参議院では162名以上の賛成が必要だということです（2017年3月現在）。

3｜憲法をアップデートするためのステップ2

次に国民の承認として、国会の憲法改正案について、国民投票が行われます。

まず投票できるのは、18歳以上の日本国民です。国民投票において過半数の賛成があれば、憲法改正案を国民が承認したことになります。

実際の投票では、賛成か反対かに〇をします。白票は無効とカウントします。

投票用紙

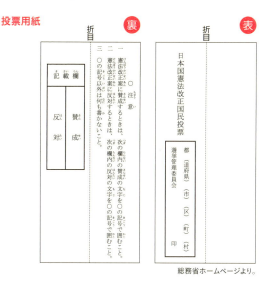

総務省ホームページより。

投票の結果、過半数が賛成した場合には、改正案は国民に承認されたと見なされます。

なお憲法改正は、法律の改正よりも高いハードルが設定されていますが、法律よりも難しい改正手続を定めた憲法のことを硬性憲法と言います。

4 ｜ 憲法の改正に限界はないのか？

憲法を改正すると言っても、どんな改正でもできるのでしょうか。天皇主権に戻す。戦争によって領土拡大を目指す国家になると明記したり……。国民が決めた以上、どんな憲法でもつくれそうです。

たとえば、ドイツの憲法では人間の尊厳や国民主権は憲法改正によっても変えることができないと規定されていますが、日本国憲法にはこのような規定はありません。

しかし、憲法学では、まさに小学校で学ぶ日本国憲法の三大原則である国民主権、基本的人権の尊重、平和主義については改正できないと一般的に考えられています。

コラム16 憲法を学んで高校教員になる ―奥平康弘先生に学ぶ―

憲法研究者の奥平康弘先生(おくだいらやすひろ)（東京大学名誉教授）は、次のように述べています。「『憲法が保障する権利』は、われわれの外なる・他者としての憲法が、あるいはその他の誰かが、われわれに与えたものなのではなくて、それを手掛かりにしてわれわれが―解決・行動をつうじて、制度にはたらきかけることによって―たえず創造してゆくものなのである」（奥平康弘著『憲法Ⅲ―憲法が保障する権利―』〔有斐閣、1993年〕）。

この一文こそ、学生時代に奥平先生から学んだことのエッセンスであると考えています。すなわち、日本国憲法は、生命や自由・幸福といったことがらを私たちの権利として掲げています。それらを「絵に描いた餅」とせず、今を生きる私たち自身が、幸せとは何だろうか、平和とは何だろうかと問い続けるとともに、具体的な仕組みづくりを通じて、理想を現実のものにしようということです。その営みは、終わることがありません。

　奥平先生は、日本国憲法が打ち立てた大切な原理である平和主義が、政権によってゆがめられつつあることに警鐘を鳴らし、2015年1月に85年の生涯を閉じるまで、著作や講演を通じ、日本国憲法、とくに憲法9条の意義について積極的に発言し続けました。

　そのような先生に、「憲法を軽視する国政の現状を考えると、自衛のための戦力保持を憲法に明記することにより、理念と現実とのギャップがうめられ、憲法の規範としての価値が高められるのではないでしょうか」と尋ねたことがあります。

　先生は、憲法第9条が20世紀半ば時点での人類の英知の結実であることや、理想を現実レベルに引き下ろすことによって生じる弊害、そして社会の現状を書き表すだけならば、そもそも憲法という形をとる必要はないことなどを、当時、語られました。

　いま、高校の社会科教員として教壇に立っていますが、学校教育と、奥平先生が示す憲法の意義とがずいぶんと重なっていることにあらためて気付かされます。学校教育もまた、個人や社会の理想の実現を目指す、過去・現在・未来をつなぐ進行形の営みであるわけです。いま、このプロジェクトに教員として直接たずさわれることに、喜びと誇りを感じています。

「君はいま、平和についてどんなことを考えている？」
奥平先生が、亡くなる直前に、奥様に問いかけたことだそうです。
高校生のみなさん、
「君はいま、平和についてどんなことを考えている？」

あとがき

　2045年、東京―大阪間は、リニアモーターカーを使えば、67分で移動できる時代になっているでしょう。

　そして、この年はAI（人工知能）が人間の脳を超えるSingularity（技術的特異点）とも言われています。本書も、私たち執筆者ではなく、AIによって改訂版が出されているかもしれません。

　もっともイスラム国（IS）の誕生、イギリスのEU離脱、トランプ大統領の登場で、すでに私たちは予測不可能な時代に突入していると言わざるを得ません。

　このような世界情勢の中、日本国憲法は2017年に施行70周年を迎えます。私たちはこうして憲法の到達点を記す貴重な機会に恵まれました。本書が後世にどのような影響を与えるかわかりませんが、憲法施行100年の2047年、200年の2147年、そしてもっと未来に向けて、私たちが記したことが発信できていれば、それ以上の喜びはありません。

　もっとも本書の本当のねらいは、そこまで壮大なものではありません。本書を通じて、皆さんのような高校生が憲法をおもしろいと思ってくれればそれで十分です。

　さらに、ひそかなねらいは、皆さんが図書館で勉強をしていて、少し疲れたなと思って、本棚をのぞいたときに、手に取ってもらうことです。そして、あれ、これ、現代社会や政治・経済の教科書と違って、なかなかおもしろいじゃんと思われること。

　そんなささやかな出会いを期待しています。

　本書は2016年7月に発売した『高校生のための選挙入門』に

続き、「高校生のための入門」シリーズ第2弾となりました。第2弾ではありますが、内容としてはまったく新しいコンセプトになっています。つまり、こんな憲法入門書は見たことがない！　というものを作りたかったのです。

　本書は「わかりやすさ」も重視しています。よく入試問題を作る際に、こんなに簡単に作ったら、高校生は満点じゃないのかと思うぐらいに問題を作ると、ちょうど良いと言われます。入試問題でも受験生と出題者のズレがあるように書籍でも読み手と書き手のズレがあり、「わかりやすさ」は意外に難しいのです。

　このような私のわがままに執筆者の皆さんにはお付き合い頂きました。箇所によっては何度も何度も書き換えをお願いし、かなりご苦労をおかけしました。この場をお借りし、感謝申し上げます。

　最後に三省堂の飛鳥勝幸さんには、第1弾に引き続き、大変お世話になりました。このシリーズは、まさに飛鳥さんと私たちの共同作品と言っても過言ではありません。また翔文社の田中敦子さん、デザイナーさん、三省堂の営業の方々、書店で店頭に並べて頂いた（売れ残りの返品作業もして頂いているであろう）店員さんたちをはじめ、多くの人たちの支えによって本書はできあがっています。深く感謝申し上げます。

2017年3月
斎藤一久

ホームページ一覧

- 衆議院　http://www.shugiin.go.jp/
- 参議院　http://www.sangiin.go.jp/
- 内閣府　http://www.cao.go.jp/
- 法務省　http://www.moj.go.jp/
- 文部科学省　http://www.mext.go.jp/
- 厚生労働省　http://www.mhlw.go.jp/
- 財務省　http://www.mof.go.jp/
- 総務省　http://www.soumu.go.jp/
- 防衛省・自衛隊　http://www.mod.go.jp/
- 内閣法制局　http://www.clb.go.jp/
- 裁判所　http://www.courts.go.jp/
- 東京都・都政改革本部　http://www.toseikaikaku.metro.tokyo.jp/
- 沖縄県　http://www.pref.okinawa.jp/
- 沖縄県平和祈念資料館　http://www.peace-museum.pref.okinawa.jp/
- NHK放送文化研究所　http://www.nhk.or.jp/bunken/
- EMA日本　http://emajapan.org/
- BPO　http://www.bpo.gr.jp/
- 九条の会　http://www.9-jo.jp/
- アメリカ国立公文書館　https://www.archives.gov/
- ストックホルム国際平和研究所　https://www.sipri.org/

（2017年3月現在）

さらなる憲法の学びのために

■ 小中学生レベル

西原博史／山中正大『うさぎのヤスヒコ、憲法と出会う』(太郎次郎社エディタス、2014年)

■ 高校生レベル

奥平康弘『いかそう日本国憲法』(岩波ジュニア新書、1994年)
森英樹『新版 主権者はきみだ』(岩波ジュニア新書、1997年)
伊藤真『中高生のための憲法教室』(岩波ジュニア新書、2009年)
伊藤真『10代の憲法な毎日』(岩波ジュニア新書、2014年)
内山奈月・南野森『憲法主義』(PHP文庫、2015年)
田村理『僕らの憲法学』(ちくまプリマー新書、2008年)
戸松秀典『プレップ憲法〔第4版〕』(弘文堂、2016年)
自民党の憲法改正草案を爆発的にひろめる有志連合『あたらしい憲法草案のはなし』(太郎次郎社エディタス、2016年)
斎藤一久編著『高校生のための選挙入門』(三省堂、2016年)
中央大学法学部編『高校生からの法学入門』(中央大学出版部、2016年)

■ 大学生レベル

駒村圭吾編『プレステップ憲法』(弘文堂、2014年)
初宿正典ほか編著『目で見る憲法〔第4版〕』(有斐閣、2011年)
初宿正典ほか『いちばんやさしい憲法入門〔第4版補訂版〕』(有斐閣、2014年)
西原博史・斎藤一久編著『教職課程のための憲法入門』(弘文堂、2016年)
工藤達朗編『よくわかる憲法〔第2版〕』(ミネルヴァ書房、2013年)
新井誠編著『ディベート憲法』(信山社、2014年)
初宿正典ほか編『新解説世界憲法集〔第3版〕』(三省堂、2014年)
月刊雑誌「法学セミナー」日本評論社
月刊雑誌「法学教室」有斐閣

■ 司法試験レベル

芦部信喜〔高橋和之補訂〕『憲法〔第6版〕』(岩波書店、2015年)

主要索引

【あ行】

- 旭川学力テスト判決 ……… 043
- 朝日訴訟 ……… 074
- 安保法制 ……… 120
- 違憲 ……… 007, 033
- 違憲審査制 ……… 107
- 「石に泳ぐ魚」事件 ……… 029
- いじめ防止対策推進法 ……… 013
- イラク特別措置法 ……… 120
- 「宴のあと」事件 ……… 028
- 愛媛玉串料訴訟 ……… 049
- 冤罪事件 ……… 086
- 沖縄 ……… 121
- 沖縄国際大学ヘリ墜落事件 ……… 123
- 奥平康弘 ……… 132

【か行】

- 閣議決定 ……… 120
- 学習権 ……… 076
- 議員立法 ……… 096
- 九条の会 ……… 124
- 教科書裁判 ……… 055, 056
- 行政機関 ……… 099
- 行政権 ……… 098
- 具体的権利説 ……… 073
- 経済的自由権 ……… 037
- 憲法改正 ……… 130
- 憲法1条 ……… 126
- 憲法9条1項 ……… 118
- 憲法9条2項 ……… 118
- 憲法13条 ……… 014, 027
- 憲法14条1項 ……… 031
- 憲法19条 ……… 045
- 憲法20条1項 ……… 046, 047
- 憲法20条3項 ……… 048
- 憲法21条1項 ……… 052
- 憲法21条2項 ……… 053, 056
- 憲法22条1項 ……… 063
- 憲法25条1項 ……… 072
- 憲法26条1項 ……… 076
- 憲法26条2項 ……… 004, 076
- 憲法27条1項 ……… 004
- 憲法28条 ……… 082
- 憲法29条1項 ……… 068
- 憲法29条2項 ……… 068
- 憲法30条 ……… 004
- 憲法33条 ……… 087
- 憲法35条1項 ……… 084
- 憲法38条1項 ……… 089
- 憲法41条 ……… 094
- 憲法43条1項 ……… 094
- 憲法65条 ……… 098
- 憲法67条1項 ……… 101
- 憲法84条 ……… 114
- 憲法86条 ……… 116
- 憲法89条 ……… 048
- 憲法90条1項 ……… 117
- 憲法92条 ……… 110
- 憲法93条1項 ……… 110

項目	頁
憲法93条2項	110
憲法96条1項	130
憲法99条	004
麹町内申書事件	045
公序良俗	013, 016
硬性憲法	132
高等裁判所	105
国事行為	127
国民投票	131
国民の三大義務	004
国会	094
国歌斉唱	057
個別的自衛権	120

【さ行】

項目	頁
最高裁判所	105
財政赤字	117
最低賃金	081
裁判員制度	106
裁判所	104
差入屋	090
猿払事件判決	043
三審制	105
自衛隊	119
死刑制度	091
私人	012
自治権	110
私的自治の原則	012
志布志事件	086
JAPANESE ONLY	015
シャルリー・エブド襲撃事件	054
修学費	077
終身刑	091
集団的自衛権	120

項目	頁
象徴	125
少年法61条	061
消費税	115
情報公開請求	029
職業選択の自由	063
女子校	035
女子野球部員	034
審査基準論	040
ストライキ	082
政教分離	047
税金	114
精神的自由権	037
生存権	072
接見交通権	089
相続	017
空知太神社事件	049

【た行】

項目	頁
大統領令	070
田中角栄	102
団結権	082
団体交渉権	082
知的財産高等裁判所	105
地方裁判所	105
地方自治	110
嫡出子	017
抽象的権利説	074
著作権侵害	068
津地鎮祭訴訟	049
テロ対策特別措置法	120
天皇	125
道州制	113
同姓婚	042
同姓パートナーシップ	042

統治行為論	105
特別永住者	021
トランプ大統領	070

【な行】

内閣	098
内閣総理大臣	100
内申書の開示請求	029
日産自動車事件	013
日本の行政機関	099
人間裁判	074
納税の義務	005

【は行】

PKO（国連平和維持活動）協力法	120
平等と不平等	032
夫婦別姓	017
プライバシー権	026
ブラックバイト	080
フランス人権宣言	018
プログラム規定説	073
米軍基地	121
ヘイト・スピーチ対策法	054
放送倫理・番組向上機構（BPO）	059
報道の自由	058
堀木訴訟	075

【ま行】

ミッキーマウス	067
民主主義	006
民法	016
目的効果基準	049
黙秘権	088

【や行】

| 薬局距離制限違憲判決 | 043, 065 |
| 予算 | 116 |

【ら行】

連邦制	111
労働基準法	081
労働組合	083
ロッキード事件	102

憲法に関係する英単語リスト

- ☐ 違憲　unconstitutional
- ☐ 外国人　foreigner, alien
- ☐ 改正　amendment
- ☐ 間接民主制（代表民主制）　representative democracy
- ☐ 義務教育　compulsory education
- ☐ 9条　Article 9
- ☐ 憲法　constitution
- ☐ 権利　right
- ☐ 公共の福祉　public welfare
- ☐ 幸福追求権　right to the pursuit of happiness
- ☐ 公務員　public official
- ☐ 国籍　nationality
- ☐ 国民　nation
- ☐ 国民投票　referendum
- ☐ 個人の尊厳　human dignity
- ☐ 国家　state
- ☐ 国歌　national anthem
- ☐ 国会　Diet
- ☐ 最高裁判所　Supreme Court
- ☐ 裁判所　court
- ☐ 差別　discrimination
- ☐ 参議院　House of Councillors
- ☐ 思想良心の自由　freedom of thought and conscience
- ☐ 自由　freedom, liberty
- ☐ 衆議院　House of Representatives

- ☐ 主権　sovereignty
- ☐ 象徴　symbol
- ☐ 人権　human rights
- ☐ 政教分離　separation of church and state
- ☐ 税金　tax
- ☐ 制限　limitation
- ☐ 政治　politics
- ☐ 政党　party
- ☐ 政府　government
- ☐ 選挙　election
- ☐ 尊重　respect
- ☐ 逮捕　arrest
- ☐ 著作権　copyright
- ☐ 天皇　Emperor
- ☐ 内閣　cabinet
- ☐ 内閣総理大臣　prime minister
- ☐ 判決　judgement
- ☐ 表現の自由　freedom of expression
- ☐ 平等　equality
- ☐ プライバシー権　right to privacy
- ☐ ヘイト・スピーチ　hate speech
- ☐ 法　law
- ☐ 法の支配　rule of law
- ☐ 民主主義　democracy
- ☐ 民法　civil law, civil code
- ☐ 予算　budget
- ☐ 立憲主義　constitutionalism

執筆者一覧

相川真理
東京女学館中学校・高等学校教諭
担当：コラム4

石井淳一
浦和第一女子高等学校（定時制課程）教諭
担当：コラム16

岩垣真人
奈良県立大学地域創造学部准教授
担当：Ⅰ章12、Ⅱ章4、5

小池洋平
信州大学全学教育センター准教授
担当：Ⅰ章2、4、6、9、Ⅱ章7、8、コラム5、9

斎藤一久
担当：はじめに、Ⅰ章3、5、7、8、10、13、17、18、Ⅱ章3、コラム2、6、7、8、10、11、12

唐仁原友紀
東京都立篠崎高等学校教諭
担当：コラム3

堀口悟郎
岡山大学法学部准教授
担当：Ⅱ章1、2

安原陽平
獨協大学法学部准教授
担当：Ⅰ章1、11、14、15、16、Ⅱ章6、コラム14、15

湯川恭子
明治学院東村山高等学校講師
担当：コラム1、13

編集協力：(株)翔文社　　　本文組版：エディット

編著者

斎藤一久
明治大学法学部教授

略歴

2004年早稲田大学大学院法学研究科博士後期課程単位取得退学、東京学芸大学教育学部専任講師・准教授、名古屋大学法科大学院教授を経て、2023年より現職。東京大学大学院教育学研究科、早稲田大学法学部非常勤講師などを歴任。

主な著作

『憲法パトリオティズムと現代の教育』（単著）（日本評論社、2023年）
『高校生のための選挙入門』（編著）（三省堂、2016年）
『図録日本国憲法〔第2版〕』（編著）（弘文堂、2021年）
『図録法学入門』（編著）（弘文堂、2024年）
『教職課程のための憲法入門〔第3版〕』（編著）（弘文堂、2024年）

高校生のための憲法入門

2017年5月3日　第1刷発行
2024年3月10日　第3刷発行

編著者：斎藤一久
発行者：株式会社 三省堂　代表者　瀧本多加志
印刷者：三省堂印刷株式会社
発行所：株式会社 三省堂
〒102-8371
東京都千代田区麹町五丁目7番地2
電話　(03)3230-9411
https://www.sanseido.co.jp/

落丁本・乱丁本はお取り替えいたします。
©Kazuhisa SAITO 2017
Printed in Japan
ISBN978-4-385-36075-1
〈高校生憲法入門・144pp.〉

本書の内容に関するお問い合わせは、弊社ホームページの「お問い合わせ」フォーム（https://www.sanseido.co.jp/support/）にて承ります。

本書を無断で複写複製することは、著作権法上の例外を除き、禁じられています。また、本書を請負業者等の第三者に依頼してスキャン等によってデジタル化することは、たとえ個人や家庭内での利用であっても一切認められておりません。